Driss El Ouadghiri

Gestion du trafic dans les réseaux ATM : Cas du service ABR

Driss El Ouadghiri

Gestion du trafic dans les réseaux ATM : Cas du service ABR

Éditions universitaires européennes

Impressum / Mentions légales

Bibliografische Information der Deutschen Nationalbibliothek: Die Deutsche Nationalbibliothek verzeichnet diese Publikation in der Deutschen Nationalbibliografie; detaillierte bibliografische Daten sind im Internet über http://dnb.d-nb.de abrufbar.
Alle in diesem Buch genannten Marken und Produktnamen unterliegen warenzeichen-, marken- oder patentrechtlichem Schutz bzw. sind Warenzeichen oder eingetragene Warenzeichen der jeweiligen Inhaber. Die Wiedergabe von Marken, Produktnamen, Gebrauchsnamen, Handelsnamen, Warenbezeichnungen u.s.w. in diesem Werk berechtigt auch ohne besondere Kennzeichnung nicht zu der Annahme, dass solche Namen im Sinne der Warenzeichen- und Markenschutzgesetzgebung als frei zu betrachten wären und daher von jedermann benutzt werden dürften.

Information bibliographique publiée par la Deutsche Nationalbibliothek: La Deutsche Nationalbibliothek inscrit cette publication à la Deutsche Nationalbibliografie; des données bibliographiques détaillées sont disponibles sur internet à l'adresse http://dnb.d-nb.de.
Toutes marques et noms de produits mentionnés dans ce livre demeurent sous la protection des marques, des marques déposées et des brevets, et sont des marques ou des marques déposées de leurs détenteurs respectifs. L'utilisation des marques, noms de produits, noms communs, noms commerciaux, descriptions de produits, etc, même sans qu'ils soient mentionnés de façon particulière dans ce livre ne signifie en aucune façon que ces noms peuvent être utilisés sans restriction à l'égard de la législation pour la protection des marques et des marques déposées et pourraient donc être utilisés par quiconque.

Coverbild / Photo de couverture: www.ingimage.com

Verlag / Editeur:
Éditions universitaires européennes
ist ein Imprint der / est une marque déposée de
OmniScriptum GmbH & Co. KG
Heinrich-Böcking-Str. 6-8, 66121 Saarbrücken, Deutschland / Allemagne
Email: info@editions-ue.com

Herstellung: siehe letzte Seite /
Impression: voir la dernière page
ISBN: 978-3-8417-4617-7

Zugl. / Agréé par: Meknès, Université Moulay Ismail, 2000

Copyright / Droit d'auteur © 2015 OmniScriptum GmbH & Co. KG
Alle Rechte vorbehalten. / Tous droits réservés. Saarbrücken 2015

Table des matières

Introduction générale

Les mécanismes adaptatifs pour le contrôle de congestion jouent un rôle très important dans le partage cliente des ressources du réseau entre différents utilisateur ces mécanismes ont aussi un rôle de prévention de congestion dans les réseaux [23] Cependant, le fait d'avoir le contrôlé assuré par les sources (qui ne sont pas par le réseau, et non pas par les réseaux, ne permet pas de protéger ces derniers les applications n'utilisant pas le mécanismes le contrôle (ex. des vidéos conférence utilisant le protocole UDP (User Data Protocol)).

Dans les réseaux ATM (Asynchronous Transfer Mode, le service ABR (Available Bit Rate) 11 a été intégré pour supporter les applications Best Effort (Meilleur Effort) (le correspond de 1Internet dans l'ATM) avec les qualités de services. Les décisions de contrôle sont prises par le réseau au niveau des commutateurs ATM, visant à assurer l'équité entre les connexions actives et à contrôler les pertes des cellules le données, Ce service tente le récupérer la bonde passante non utilisée par les applications qui ont les qualités de service (QoS) garanties (les applications utilisant les services CBR (Constant Bit Rate) et VBR (Variable Bit Rate)) , et le partage entre toutes les connexions ABR en leur signalant le débit de transmission qui leur est alloué.

Nous nous intéressons à l'étude de deux mécanismes de contrôle du trafic ABR. Lesquels mettent en jeu un ensemble de paramètres pouvant influencer les qualités des services offertes par les connexions ABR. Ces mécanismes dépendent chacun de comportement du commutateur ATM considéré Les commutateurs ATM se distinguent les uns des autres par la manière dont ils indiquent aux sources ABR les débits de transmission, qui leur sont autorisés, à un instant donné Plusieurs algorithmes ont été proposés pour les commutateurs ATM Ils sont soit basés sur (i) l'indication de congestion par un bit (EFCI : Explicit Forward Congestion Indication), qui indiquent si la congestion est détectée ou non, soit basés sur (i) le taux explicite (ER : Explicit Rate) qui informe directement la source du débit qui lui est alloué débit disponible.

Dans le but de mettre en uvre de tels mécanismes des modèles simples de files d'attentes ont été développés et analysés ces dernières années savoir des modèles de réseaux avec un seul goulot d'étranglement (bouleneck) (voir le chapitre 39,40,28,18]).

Le principal objectif de cette thèse est étudier un modèle plus élargi avec deux commutateurs ATM 11 Il est facile de remarquer que, si le débit de service du premier commutateur est inférieur à celui du second commutateur, on tombera sur le ras d'un modèle simple avec un seul commutateur ATM. Pour cette raison, nous considérons un modèle de réseau avec deux commutateurs ATM dont le débit de service du premier est supérieur à celui du second. Cette étude nous permet dans un premier temps de comprendre le phénomène du goulot d'étranglement (bottleneck phenomenous), Nous montrons que ce n'est pas, nécessairement, le commutateur ATM qui a la bande passante la plus petite ou qui commence à se remplir le premier (commence à se construire le premier, qui est responsable de la congestion. Dans ce sens, nous présentons plusieurs définitions du goulot d'étranglement et examinons les conditions et les critères qui déterminent lequel des deux commutateurs ATM représente le goulot d'étranglement, Dans un second temps, nous calculons des formules analytiques pour les tailles des files d'attente en fonction des paramètres qui sont soit fixes (délai d'aller retour dune cellule quand le système (réseau) est vide, capacités maximales des files d'attente .. etc.) soit négociés avec le système lors de l'établissement de la connexion ABR. Ceci permettera, en particulier, de déterminer les valeurs des paramètres de contrôle pour éviter les pertes de cellules de données, dans le réseau, dans le cas ou les tailles des files d'attente sont données a priori.

Cette thèse est organisée comme suit : Le chapitre 1 est consacré à la description de la gestion du trafic, d'une manière ale, dans les réseaux ArM [1, 38] Les différents services des réseaux ATM sont également décrits ,à savoir CBR (Constant Bit Rate) VBR (Variable Bit Rate) ABR (Avalable Bit Rate) et UBR (Unspecified Bit Rate).

Dans le chapitre 2, un modèle simple de réseau avec un seul commutateur ATM est analysé, tel qu'il est traité dans [39,40]. Cette étude met en uvre le mécanisme de contrôle du trafic ABR basé sur l'indication de congestion EFCI (Commutateur basé EPCI) en décrivant le comportement de l'ACR (Available Cell Rate) de la source, et celui de la taille de la file d'attente du commutateur, au cours de la connexion ABR. Cette analyse a pour but de montrer l'efficacité des approximations fluides pour développer de tels modèles analytiques.

Le chapitre 3 entame la description d'un modèle plus élargi avec deux commutateurs ATM en définissant toutes les variables utilisées dans le modèle. Nous présentons, également, les résultats analytiquement obtenus, sous formes de théorèmes pour ce modèle, La dernière section de ce chapitre portera sur le développement et l'analyse de l'approche analytique du modèle, avec deux commutateurs ATM. Nous utilisons aussi l'approximation fluide [32], pour présenter et analyser les résultats obtenus. De telles méthodes s'avèrent très importantes dans l'étude du comportement dynamique des protocoles de contrôle de flux dans les réseaux à haut débit [4,6,8,14,21,39,40].

Le chapitre 4 fait l'objet de simulations pour confirmer les hypothèses considérées lors de l'approche analytique et valider le modèle développé et les résultats analytiquement obtenus.

L'annexe l'objet d'une brève description du simulateur de réseau REAL [31] qu'on a utilisé pour faire nos simulations.

Chapitre 1

Techniques de gestion du trafic dans les réseaux ATM

1.1 Introduction

Au début des années 80, le Contre National d'étude en Télécommunications (C.N.E.T) en France a prouvé. dans le cadre de son projet PRELUDE, qu'un mode de transfert asynchrone pouvait offrir une gamme de débit allant de quelque bits à quelques mégabits par seconde. En 1983. (American telephone Telegraph) propose la technique ATM (Asyncrynous Transfer Mode) sous le nom de "Fast Paket Switching. Les organismes de normalisation des réseaux large bande ont choisi, en 1988, la technique ATM comme mode de transfert adéquat pour ce type de réseaux. Ensuite, de nombreuses annonces de développement et de misa en place de réseaux ATM ont été faites au Japon. aux Etats-Unis et en Europe. Ainsi, il a été montré que la technique ATM possédait une souplesse considérable et Tous les atouts de choix pour qu'elle devienne le mode de transfert des futurs à haut débit (réseaux large Les réseaux à haut débit utilisant le mode de transfert ATM en particulier permettent de répondre aux besoins des utilisateurs et constructeurs en multiplexant différents trafics (information hétérogène) sur une infrastructure commune, données, voix, vidéo ...etc. Cela pourrait remplacer un nombre de réseaux (réseaux téléphonique, réseaux de données, câbles TV ...etc.) par un seul, capable de supporter toutes une variété d'applications avec des caractéristiques différentes les unes des autres.

Pour pouvoir supporter ces différents trafics tout en respectant les exigences de chaque application, des classes de services ont été définies. Chaque classe de set vice a des paramètres propres à elle permettant ainsi, de définir des qualités de services (QoS : Qualily of Service) souhaitée par l'application utilisant le service en question.

Pour répondre à ces besoins variés, les réseaux ATM ont introduit des nouveautés par rapport aux réseaux déjà existants. L'information est transmise dans des blocs de taille fixe (53 octets) appelés cellules ATM (chacune d'entre elles étant constituée d'un en-tête de 5 octets et d'un champ d'information de 48 octets). L'asynchronisme, le contrôle tic congestion et d'admission sont assurés par le réseau lui même et non pas par les applications (ex. TCP sur Internet [23]). Les priorités offertes à chaque type de service et en fin le multiplexage statistique. Ce multiplexage permet de partager une ligne de réseau en plusieurs circuits virtuels (optimisation de l'utilisation des ressources).

L'ATM contrôle aussi le trafic de toutes les sources connectées au réseau pour s'assurer que ces dernières respectent les contrats négociés lors de leurs admissions. Le reste de ce chapitre sera consacré à une brève description des points essentiels mis en jeu dans la gestion du trafic dans les réseaux ATM [1].

5 octets d'entéte
48 octets de champ d'information

TABLE 1.1 – Structure d'une cellule ATM

1.2 Qualité de services et gestion de du trafic

Définition 1.2.1 Le descripteur du trafic est un ensemble de paramètres qui servent à décrire les caractéristiques du trafic des cellules sur une connexion. Ce descripteur contient un nombre de variables qui diffère suivant la nature de service ATM demandé par la source utilisant la connexion en question (voir sous-section 1.3.2).

1.2.1 Contrôle d'admission de connexion

Le contrôle d'admission de connexion (CAC : Connection Admission Control) est l'ensemble des actions exécutées par le réseau au cours de la mise en plat e de la connexion, pour déterminer si cette demande de connexion doit être acceptée oïl refusée. C'est la principale méthode de contrôle de congestion préventive dans les réseaux ATM. Cette méthode décide d'accepter ou de rejeter une nouvelle demande de connexion en considérant la charge courante du réseau, la bande passante disponible, le descripteur de trafic de la nouvelle connexion et son exigence en qualités de services (QoS). L'objectif de la fonction CAC est de fournir une équité entre les différents types do services et d'assurer la qualité de service demandé pour les connexions acceptées.

1.2.2 Contrôle des paramètres de l'utilisateur

Le contrôle des paramètres de l'utilisateur (UPC : Usage Parameter Control) est l'ensemble des actions prises par le réseau pour surveiller et gérer le trafic, en terme du trafic offert et la validité de la connexion ATM ouverte à l'accès réseau. Cette fonction vise à protéger le réseau contre des violations du contrat de trafic. Ces violations pouvant amener à une dégradation de la qualité de service souhaitée sur d'autres connexions. A la réception des cellules ATM, l'UPC détermine si elles correspondent à une connexion valide et si elles respectent le contrat, de trafic passé par la connexion. Dans le cas contraire, cette fonction prend des mesures nécessaires, en considérant, ces cellules comme non valides, et peuvent par conséquent être, soit rejetées (perdura) soit marquées pour être les premières candidates aux pertes. Différentes propostions ont été faites pour cette fonction et la méthode de Leaky Bucket [33]est sans doute la plus admise.

1.3 Contrat de trafic

Pour déterminer si une connexion respecte le contrat passé avec le réseau (UPC) ou si le réseau est capable d'admettre une nouvelle connexion (CAC), un certain nombre de paramètres ont été définis. Chaque classe de service à des paramètres spécifiques, qui peuvent parfois figurer dans un autre service.
Ces paramétrés définissent la qualité de service (QoS) attendue. Ce sont les paramètres descripteurs de trafic d'une connexion.

1.3.1 Paramètres définissant la qualité de service

Paramétres négocialbles :

- Le temps de propagation maximum d'une cellule ATM entre la source et la destination (maxCTD : maximum Cell Transfer Delay).
- La varaiation maximum du temps de propagation CTD(peak-to-peak CDV : peak-to-peak Cell Delay Vraiation). Le terme "peak-to-peak" se réfère au milleur et au pire des cas.
- Le taux de perte de cellule(CLR : Cell Loss Ratio), qui est définit comme, le nombre de cellules perdues divisé par le nombre total de cellules transmises.

Paramétres non négocialbles :

- Le taux de cellules erronées (CER : Cell Loss Ration),qui est le nombre de cellules erronées divisé par le nombre de cellules bien transmises plus le nombre de cellules erronées.
- le débit de cellules insérées par erreur(CMR :Cell Misinsertion Rate). Ce paramétre n'est pas définit comme un taux de cellules insérées par erreur, pour la simple raison que ces cellules ne dépendent pas du nombre de cellules transmises par une connexion. Ainsi, ce débit est le nombre de cellules insérées par erreur, pendant un intervalle de temps divisé par ce même intervalle, qui peut être la durée de la connexion.

1.3.2 Descripteur de trafic

Ce descripteur donne un aperçu sur le comportement futur de la connexion.Il se résume en un descripteur de trafic de la source, de la tolérance aux variation du délai de propagation CDTV (Cell Delay Varaition Tolerance), et de la définition de conformité des cellules.

1.3.2.1 Descripteur de trafic source

c'est un ensemble de paramétres de la source ATM, utilisé durant l'établissement de la connexion pour capturer les caractéristiques intrinséques du trafic de celle-ci[1]. Cet ensemble peut étre composé des paramétres de trafic négociables suivants :

- Débit créte de la source (PCR : Peak Cell Rate).
- Débit minumum de la source(MCR : Minumum Cell Rate).
- Débit projoté(SCR :Sustainable Cell Rate) (voir VBR).
- Duré maximale des rafales tolérées(MBT : Maximum Burst Tolerance).

1.3.2.2 Conformité

L'algorithme GCRA[1](Generic Cell Rate Algorithm) est désigné pour déterminer la confirmité des cellules. Il sert, essentiellement, pousser les utilisateurs à respecter le contrat passé avec le réseau en toute transparance. Par exemple, cet algorithme permet de définir les cellules non conformes au paramétres PCR ;à savoir, lorsqu'une cellule se présente et que la capacité maximale est atteint, celle cellul devra soit étre détruite, soit prendre la place d'une autre cellule qui vient d'étre détruite.

1.4 Les classes de services ATM

Pour pouvoir supporter les différents types de trafic, l'ATM Forum[1] a proposé, pour les réseaux ATM, quatres classes de services, L'idée sous-jacente est simple : certains services peuvent réservé des tuyaux (bande passante) correspondant à des modes de circuits dans lesquels la garantie est compléte, aussi bien en temps de réponse qu'en taux de perte. Les autres services se contentent d'exploiter la bande passante non utilsé.

1.4.1 Le service CBR

Ce service consiste à établir une connexion sous forme d'un circuit virtuel avec une bande passante fixe, égale à PCR (peak Cell Rate). Ainsi, toute cellule émise à un débit inférieur à PCR est valide(conforme). Ce service garantit les trois paramétres négociables avec le réseau lors de l'établissement de la connexion : CLR, maxCDT et peak-to-peak CDV. C'est le service le plus simple à implémenter, il s'agit d'une émulation de circuit de voix ou de vidéo temps réel font partir de cette classe de services.

1.4.2 Le service VBR

Il existe des applications temps réel qui ne peuvent se permettre de négocier une connexion CBR, à cause de leur débit vraiable dans le temps. Establir une connexion au débit créte (PCR) couterait trés cher pendant que l'utilisation est trés faible. Le service VBR est donc, définit pour servir ce genre d'applications ; à titre d'exemple les services d'interconnexion des réseaux loceaux ou les ervices transactionnels. Les paramétres négociés avec le réseau dans ce cas sont : PCR, SCR et MBS.

1.4.3 Le service ABR

C'est le service qui fera l'object de notre étude. Par conséquent, une description plus détaillée sera nécessaire par la suite. Ce service est introduit par l'ATM Forum[1] en novembre 1993, pour rendre les réseaux ATM plus flexible. Il permet de récupérer et d'utilser la bande passante abandonnée par les applications issues des classes de services de plus grande priorité, CBR et VBR. Le service ABR à intérét dinc servir les applications sensibles aux pertes et qui ont des débit variables avec le temps (transfert de fichier, messagerie éléctronique ...etc). Ainsi, un débit minimum est nécessaire pour pouvoir servir de telles applications dans un temps acceptable. Dans ce cas le temps de réponse n'est pas garanti.

Le comportement de la source et de la destination sont spécifiés par l'ATM Forum[1] ; est spécifié également la facons dont les informations, sur l'état de réseau , sont transmises à la source. Par contre, le comportement du commutateur ATM est laissé aux constructeurs.

une source ABR commence à envoyer avec un débit ICR(Initial Cell Rate) et peut envoyer des cellules avec un débit inférieur ou égale à PCR(Peak Cell Rate). La source envoi ensuite avec un débit ACR(Allowed Cell Rate), qui, selon l'état de congestion du réseau, varie entre MCR (Minumum Cell Rate) et PCR, négociés à la source par l'intermédiaire des cellules RM(Ressource Management). Ces cellules permettent, chaque fois qu'elles sont récues par la source ABR, de lui indiquer la facons d'adapter son débit de transmission à l'état du réseau, selon la nature des commutateurs ATM considérés.

Une cellule RM est transmise par la source ABR aprés l'envoi de N_{rm} cellules de données. Elle effectue un aller retour entre le source et la destination en collectant des informations sur l'état du réseau lors de son passage par les commutateurs ATM.

1.4.3.1 Paramétres liés au controle ABR

Le service ABR fait appel à un ensemble de paramétres, certains d'entre eux sont négociés à l'établissement de la connexion, alors que d'autres sont fixes :

Paramétres négociables :

- PCR, MCR et ICR.
- RDF (Rate Decrease Factor) et AIR (Additive Incresse Rate), qui sont respectivement réduction et le taux d'augmentation du ACR à la réception d'une cellule RM.
- TBE (Transient Buffer Fxposure), qui désigne le nombre maximum de cellules pouvant être envoyées par la source avant de recevoir la première cellule RM en amont (Backward RM).

Paramétres fixes :

- N_{rm}, nombre de cellules de données à envoyer entre deux cellules RM. Par défaut la valeur de ce paramètre est 32.
- T_{rm}, durée minimale entre deux cellules RM. Si pendant T_{rm} aucune cellule RM n'est transmise, alors une cellule sera envoyée avec une faible priorité pour recouvrir des situations de famine où ACR peut être nul.

1.4.3.2 Structure d'une cellule RM

Comme souligné précédemment, les cellules RM ont un rôle primordial dans le contrôle de flux et l'ajustement, des débits au niveau des sources ABR. Le format complet des cellules RM est montré dans le tableau 1.2. Chaque cellule RM. Comme toute autre cellule ATM, comprend un en-tête de 5 octets et un corps de données de 48 octets. Dans l'en-tête, on trouve un champ de trois bits, mis à 110 (binaire) pour indiquer qu'il s'agit d'une cellule RM.

Les autres champs principaux (pie comporte une cellule RM sont :

- PI,indique le type de la connexion ATM. Il est mis à la valeur 1 pour les connexions ABR.
- DIR, distingue entre les cellules en aval (Forward) et en amont (Backward).Il est mis à la valeur 0 pour les cellules RM en amont.
- BN, indique l'origine des cellules RM.Il est mis à la valeur 1 pour les cellules RM générées par un commutateur intermédiare ou une destination et non pas par la source.
- NI, indique à la source, quand il est mis à la valeur 1, qu'elle doit garder son débit inchangé.
- ER, c'est le champ indiquant, dans le ras des commutateurs basées ER, le débit alloué à la source ABR.
- CCR, informe les différents commutateurs du débit courant de la source.
- MCR, informe les différents commutateurs du débit minimal négocié par la source.

1.4.3.3 Comportement d'une source

Une parmi les caractéristiques principales d'une source A BR est de pouvoir moduler son débit de transmission, en fonction des informations collectée sur l'étal du réseau. Lesquelles informations sont retournées à cette source par l'intermédiaire des cellules RM. L'algorithme de la mise à jour du débit de la source, à la réception d'une cellule RM, est le suivant :

ATM header (5 octets)
Protocole ID (PI) (1 octet)
Direction (DIR) (1 bit)
Backward Notification (BN) (1 bit)
Congestion Indication (CI) (1 bit)
No Increase (NI) (1 bit)
RequestAcknwledge* (1 bit)
Reserved (3 bit)
Explicit Rate (ER) (2 octets)
Current Cell Rate (CCR) (2 octets)
Minimum Cell Rate (MCR) (2 octets)
Queue Length* (4 octets)
Sequence Number* (4 octets)
Reserved (30 octets)
CCR-10 (16 bits)

TABLE 1.2 – Format d'une cellule RM

if *(CI == 1)* then
| $ACR := ACR - N_{rm} * ACR/RDF$;
else
| if *(NI == 1)* then
| | $ACR := ACR - N_{rm} * AIR$;
| else
| | Garder le débit inchangé;
| | $ACR := Min(ACR, PCR)$;
| | $ACR := Max(ACR, MCR)$;
| | $ACR := Min(ACR, ER)$;
| end
end

Algorithme 1 : Mis à jours du débit de la source

Une autre fonction de la source est la génération des cellules RM. Le flux des cellules RM doit être proportionnel au flux des cellules de données, c'est pourquoi l'envoi d'une cellule RM après un flot de N_{rm} cellules de données.

1.4.3.4 comportement d'une destination

La destination doit retourner les cellules RM qu'elle reçoit d'une source en changeant le bit de direction à en amont (i.e, mettre le bit DIR à la valeur 0). Elle met également le champ CI d'une cellule RM à la valeur de bit EFCI de la dernière cellule de données reçue, de la source en question.

1.4.3.5 Comportement d'un commutateur

Aucune spécification précise sur les commutateurs. Chaque constructeur peut implémenter tel ou tel algorithme. Beaucoup d'algorithmes ont été proposés, ils sont très nombreux pour les énumérer tous. Nous nous intéressons à deux catégories. Les commutateurs basés sur l'indication de congestion (EFCI-based Switch), et ceux basés sur le débit explicite (ER-based Switch).

Commutateurs basés EFCI

Dans cette catégorie de commutateur, selon le degré de la congestion, le commutateur peut altérer le contenu d'une cellule RM dans les deux directions (en aval et on amont). Les champs CI et NI sont mis à jour en fonction de la congestion estimée au niveau du commutateur. Les commutateurs basés sur l'indication de congestion fonctionnent de la façon suivante :

Si la taille de la file d'attente dans le commutateur dépasse un certain seuil Q_H (appelé seuil di' congestion), le commutateur met à la valeur 1 le bit EFCI dans les cellules de données, jusqu'à ce que la taille de la file soit en dessous de ce seuil. Si par contre, la taille de la file d'attente est entre le seuil Q_H et un autre seuil Q_L alors

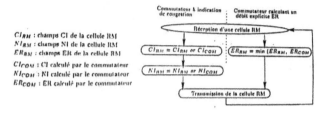

FIGURE 1.1 – Algorithmes basés EFCI et ER

le commutateur se considère être dans son point de fonctionnement optimal et averti ainsi les sources de garder leurs débits inchangés, ceci est fait en mettant le bit NI des cellules RM a la valeur I (le bit EFCI des cellules des données est laissé a la valeur 0). Quand la destination reçoit une cellule RM en aval, elle met son bit CI à la valeur du bit EFCI de la dernière cellule de données reçue. Le commutateur peut lui même mettre à jour le bit CI d'une cellule RM en amont si la congestion est détectée.

Commutateurs basés ER

Cette famille de commutateur à la capacité d'estimer la bande passante disponible pour le service ABR, ce qui lui permet d'indiquer la bande passante allouée à chaque connexion ABR, en mettant à jour le champs ER des cellules RM (en aval et/ou en amont).

Les commutateurs à débit explicite peuvent cohabiter avec des commutateurs à indication de congestion. Quant seuls des commutateurs à débit explicite sont traversés par une source, celle-ci négocie un ICR égal à PCR, pour que le champ ER des cellules RM retournant à la source soit pris en compte. En effet, dans le cas des commutateurs basés ER le champ CI des cellules RM n'est pas affecté. Par conséquent, à la réception de la cellule RM par la source, relie ci augmente son débit par N_{rm} * PCR. Ainsi, en prenant le minimum entre l'ACR calculé et la valeur du champ ER de la cellule RM, ACR sera dans tous les cas mis à jour à la valeur du champ ER, du moment, que celle-ci est inférieure à PCR.

1.4.4 Le service UBR

Le service UBR (Unspecified Bit Rate)[1] est le correspondant de l'Internet dans l'ATM, ou aucun controle n'est effectué par le réseau. Cependant, la situation ici est différent, car il s'agit simplement d'une utilisation de ce qui n'a pas pu être utilisé par les autres services. Il est destiné essentiellement aux source ne pouvant pas disposer d'un mécanisme leur permettant d'mettre à un débit variable, et ne pouvant par conséquent avoir les bénéfices du service ABR. Ce service n'assure donc, aucune garantie ni sur les pertes ni sur le temps de transport.

1.5 Politique d'octroi de la bande passante

La répartition de la bande passante s'effectue, dans les réseaux ATM, de la maniére suivante :

Dans un premier temps on affecte la bande passante au trafic CBR, c'est le débit, crête négocié pour chaque connexion CBR. Une fois cette affectation réalisée, on retient une bande passante pour y faire transiter le trafic VBR. Des débits crêtes sont aussi réservés pour les services VBR, mais sachant qu'il y a peu de chances que toutes les sources VBR aient besoin des débits crêtes en même temps (variation de taux de transfert de trafic VBR), cette bande passante réservée est largement inférieure à celle utilisée. Cette différence, en bande passante, sera donc affectée au trafic ABR. D'où la nécessité d'introduction un mécanisme de contrôle de flux pour le trafic ABR.

Le but donc, du trafic ABR est de remplir le tuyau global à un taux avoisinant les 100 (utilisation à 100 de la bande passante disponible sur le réseau : c'est, le mode opératoire désiré dans le monde des réseaux). A

	Garantie de la bande passante	Garantie de temps de réponse	Retour d'indication de congestion
CBR	oui	oui	Non
VBR	oui	oui	Non
ABR	Oui (minimum)	Non	Oui
UBR	Non	Non	Non

TABLE 1.3 – Comparaison des services ATM

chaque instant que le volume de trafic garanti varie, le volume de trafic ABR doit augmenter ou diminuer en conséquence. D'où, le contrôle de flux qui va informer, à tout instant, les sources ABR d'adapter leur débit suivant l'état du réseau. Ce qui est possible puisque le service ABR ne garantie pas le temps de transport. Ainsi, avec la mise en place d'un mécanisme de contrôle de flux consistant, la bande passante sera complètement utilisable.

Les sources UBR, quand à eux, pourraient fournir les données à transmettre, sans aucune garantie de service, et achever ensuite la bande passante si par hasard le trafic ABR ne permettait pas de l'utiliser à 100.

L'ATM forum a introduit une méthode de controlé de flux ABR. Cette méthode est réactive, elle essaye d'adapter, noeud par noeud, le débit provenant des sources ABR pour controler la congestion dans le réseau. Ce mécanisme de controle de flux est de type Rate-Based (modulation de taux de transfert des sources ABR). Le tableau 1.3 résume les différentes garanties assurées par les services ATM.

Chapitre 2

Modéle avec un seul commutateur ATM

2.1 Introduction

Le réseau ATM (Asynchronous transfer Mode) fournit quatre services : CBR(Constant Bit Rate). VBR (Variable Bit Rate). ABR (Available Bit Rate) et UBR (Unspecfied Bit Rate). La bande passante du réseau est d'abord allouée aux classes CBR et VBR qui sont destinées aux applications temps réels (voix, images). Le reste de la bande passante, s il y en a, est utilisé par les services ABR et L BR. Le service ABR est utilise par des trafics de données sensibles aux pertes, ainsi il contrôle d'une façon dynamique sa charge de transmission suivant la disponibilité de la bande passante sur le réseau. Le service UBR n'adopte aucun mécanisme de contrôle du trafic, il laisse les sources envoyer leurs données sans être sûr que la bande passante nécessaire est disponible.

Les services ABR et UBR sont introduits dans le réseau ATM afin de mieux utiliser la bande passante, et en même temps, de fournir la priorité aux services CBR et VBR.

On se demande comment le service ABR évite la congestion qui est due au changement dynamique de la charge du réseau. Le mécanisme de contrôle du trafic ABR est développé de telle sorte à fournir des informations, sur l'état du réseau, à la source (transmetteur de données) qui va réajuster sa charge d'émission.

Le reste de ce chapitre est organisé ranime suit : la section 2.2 met l'accent sur la technique de l'approximation fluide. La section 2.3 décrit le mécanisme de contrôle du trafic ABR. La section 2.4 fait l'objet d'une approche analytique basée sur I approximation fluide. Celte approche nous permet, de décrire l'évolution du taux de transmission des cellules de données ,1c la source ABR, et celui de la taille de la file d'attente du commutateur ATM, durant l'établissement de la connexion.

2.2 L'approximation fluide

Pour évaluer les performances d'un système informatique, il est naturel de le modéliser par un système de files d'attente. Dans la plupart de ces systèmes le nombre de clients et le temps résiduel sont des processus stochastiques avec des sauts discontinus (Par exemple les instants d'arrivée des clients dans le système). Parfois, l'analyse de tels systèmes est extrêmement difficile, ce qui nous oblige utiliser des techniques d'approximation. Parmi ces techniques on trouve l'approximation fluide [32] qui consiste à considérer les arrivées et les départs des clients comme des courants fluides. Cette approximation est meilleure quand le trafic est très intense dans le système (i.e. la taille de chaque file est large et les temps d'attente des clients sont très grands vis à vis des taux moyens des services), aussi il est raisonnable de remplacer des fonctions discontinues par des fonctions continues.

Les arrivées et les départs des clients sont des processus stochastiques fondamentaux dans les systèmes de files d'attente.
Considérons les quantités suivantes :
- $\alpha(t) \triangleq$ le nombre d'arrivées dans l'intervalle $]0,t[$.
- $\gamma(t) \triangleq$ le nombre de départs dans l'intervalle $]0,t[$.

A chaque instant t la différence $\alpha(t) - \gamma(t)$ représente le nombre de clients N(t) présents dans le système. Quand t devient assez grand, la différence entre $\alpha(t)$ et sa moyenne $\bar{\alpha(t)}$ est proche de 0. Ce qui est expliqué par la loi des grands nombres suivante :

$$\lim_{x \to +\infty} \frac{\alpha(t) - \bar{\alpha(t)}}{\alpha(t)} = 0 \qquad (2.1)$$

L'approximation fluide permet de remplacer le processus stochastique $\alpha(t)$ par sa moyenne $\alpha(t)$ qui est une fonction continue du temps. D'une façon similaire on remplace le processus stochastique discontinu (t) par sa moyenne $(\bar{t})$. Par conséquent, si on suppose que N(0) = 0, l'approximation fluide entraîne que le nombre de clients présents dans le système à l'instant t est, donné par :

$$N(t) = \bar{\alpha(t)} - \bar{\gamma(t)} \qquad (2.2)$$

où N(t) est une fonction continue du temps.

Pour mieux comprendre l'approximation fluide, considérons un entonnoir avec une valve pour contrôler le taux de sortie de fluide. On verse le fluide dans l'entonnoir avec un taux $d\bar{\alpha(t)}/dt = \lambda(t)$ (le taux d'arrivées des clients) et on permet, au fluide de sortir de l'entonnoir avec un taux $d\bar{\gamma(t)}/ds = \mu(t)$ (le taux de service de la file d'attente). Naturellement, le fluide sortant ne dépasse jamais le fluide entrant. Dans ce cas le fluide accumulé dans l'entonnoir à l'instant t sera donné par l'équation (2.1). Ainsi on a :

$$\bar{\alpha(t)} = \bar{\alpha(0)} + \int_0^t \lambda(x)\,dx \qquad (2.3)$$

$$\bar{\gamma(t)} = \bar{\gamma(0)} + \int_0^t \mu(x)\,dx \qquad (2.4)$$

Pour les mécanisme de contrôle de trafic ABR, ces approximations fluides consistent à remplacer les trafics dynamiques, représentant les arrivées et les départs des cellules, de la file d attente et de la source par des flux moyens. En particulier, au lieu de faire une analyse détaillée (à base de cellule par cellule) du trafic d'entrée, on considère un flux régulier où les cellules sont remplacés par un fluide dont le taux est une fonction continue du temps. Ces méthodes fluides ont fourni des solutions raisonnables pour l'analyse de performances du protocole TCP [34, 42, 21]. Dans la suite, nous présentons un modèle de gestion du trafic ADR dans les réseaux ATM pour prouver encore que les méthodes fluides sont très efficaces pour l'analyse des mécanismes de contrôle de trafic dans les réseaux à haut débit.

2.3   Mécanisme de controle du trafic ABR

Considérant la configuration suivante :

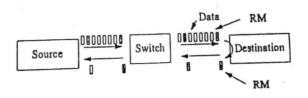

FIGURE 2.1 – Modéle de gestion du trafic ABR

La source ABR, connectée à la destination par un commutateur ATM (Switch), est autorise a émettre ses cellules de données avec un taux ACR (Allowed Cell Rate) qui varie avec l'état du réseau. Lors de l'établissement de la connexion ABR (Source- Destination), trois paramètres sont négociés avec le réseau :

• ICR (Initial Cell Rate).

- MCR (Minimum Cell Rate).
- PCR (Peak Cell Rate).

Au début, la source émet ses cellules de données avec un taux ACR égal à la valeur ICR. Ce taux varie ensuite entre les valeurs extrêmes MCR et PCR.

Pour recevoir des informations sur l'état des ressources du réseau, la source ABH envoie une cellule RM après chaque N_{rm} cellules de données. Quand la cellule RM arrive à la destination, elle est retournée à la source. Les informations concernant l état, des ressources du réseau sont portées par la cellule RM en amont, elles sont fournies par le commutateur ATM et la destination. A l'arrivée de la cellule RM en amont la source ajuste son taux de transmission ACR suivant la valeur du bit CI ou du champ PR de la cellule RM reçue.

Lorsqu' une cellule RM en amont est reçue à l'instant, t avec CI=1, le taux ACR est diminué par ACR * NTm/RDF en restant toujours supérieur ou égal à MCR où RPF (Rate Decrease Factor) est un facteur donné. Si CI=0, le taux ACR est augmenté par AIR*N_{rm}/RDF en restant toujours inférieur ou égal à PCR où AIR (Additive Increase Rate) est un facteur donné. Si la valeur du champ ER de la cellule RM est inférieure à la valeur courante de ACR, mais supérieure à MCR, alors ACR est mis à cette valeur.
La détection de la congestion dépend de l'architecture de commutateur ATM considéré :

- **Commutateur EFCI** (Expiait Forward Congestion Indication Switch) : si la taille du buffer dépasse un seuil maximum, le commutateur positionne le bit EFCI de chaque cellule de données à la valeur 1 jusqu'à ce que la taille du tampon devienne inférieure à un seuil minimum. La destination positionne à son tour le bit CI de chaque cellule RM, en aval, à la valeur de bit EFCI de la cellule de données reçue juste avant la cellule RM.
- **Commutateur ER** (Explidt Rate Switch) : ce type de commutateur est intelligent. En tenant compte de l'état de réseau, il marque directement sur le champ ER de la cellule RM 'en aval', le taux avec lequel la source doit transmettre. Dans ce qui suit, trous allons considérer seulement le cas d'un commutateur EFCI.

2.4 Analyse du modéle avec un seul commutateur ATM

2.4.1 Notations et description du modéle

On considére le modéle du réseau representé par la figure suivante :

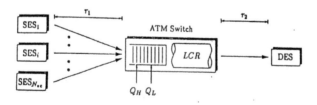

FIGURE 2.2 – Modéle avec un seul noeud

Des sources ABR, SES_i(Source End System), sont connectes à une destination DES (Destination End System) via un seul goulot d'étranglement. Le tampon est supposé à capacité infinie et les sources ABR ont toujours des cellules à transmettre. On note par τ le délai d'aller/retour d'une cellule, par τ_1 le délai de propagation entre une source ABR et le commutateur ATM et par τ_2 le délai de propagation entre le commutateur et la destination. Ainsi le temps de retour d'information à la source est noté par $\tau_f \triangleq 2.\tau_2 + \tau_1$.

Quand la taille du buffer dépasse le seuil Q_H (voir figure 2.2), le commutateur détecte la congestion et met le bit EFCI, de toutes les cellules de données, à la valeur 1. La congestion est terminée si la taille du briffer devient inférieure à Q_L (voir toujours figure 2.2). La vitesse du traitement des cellules LCR (Link Capacity

Rate) est supposée fixe.

Dans la suite, nous déterminons le comportement dynamique de ACR, la taille du buffet et le délai d'attente d'une cellule pour le modèle avec une seule source ABR.

2.4.2 Evolution de ACR(t) et de Q(t)

Le comportement dynamique de ACR(t), noté et celui de la taille du buffer Q(t) peuvent être décrits par un cycle constitué de quatre phases, qui se répètent de façon périodique. Un exemple de cycle est illustré dans la figure 2.3.

Lors de chaque phase, ACR croit ou décroit suivant la variation du taux d'arrivée des cellules RM, qui dépend du nombre de cellules en attentes dans le buffer. Le comportement du système est discuté pour ces quatre phases.

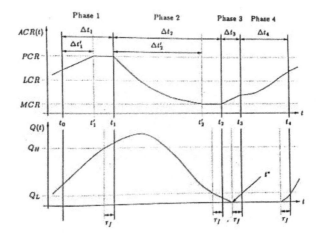

FIGURE 2.3 – Comportement de ACR(t) et de Q(t) pour un commutateur EFCI

Phase 1

Supposons que les valeurs initiale et $ACR(t_0)$ et $Q(t_0 + \tau_1)$, correspondant au début de cette phase, sont données. Le délai de propagation entre la source et le commutateur ATM permet d'observer l'ACR après τ_1, unités du temps. Durant cette buffer soit plus grande que Q_H Ainsi, à chaque retour d'une cellule RM à la source, ACR est augmente par $N_r m.AIR$ jusqu'à ce qu'il atteigne la valeur PCR. Puisque, le buffer est non vide durant cette phase, le taux d'arrivées des cellules RM à la source est constant et il est égal à LCR/N_{rm}.

La croissance additive de ACH dans celte phase est donnée par l'équation différentielle suivante :

$$\frac{dACR_1(t)}{dt} = N_{rm} * AIR * LCR/N_{rm}$$
$$= AIR * LCR \tag{2.5}$$

qui a pour solution :

$$ACR_1(\Delta t) = ACR(t_0) + LCR * AIR * \Delta t \tag{2.6}$$

-avec la condition initiale $ACR_1(0) = ACR(t_0)$.

Δt est la longueur de l'intervalle de temps séparant le début de la phase, marqué par t_0, à un instant t de la

16

même phase. En utilisant ce résultat, l'évolution de la taille du butter durant cette phase est donnée par :

$$
\begin{aligned}
Q_1(\Delta t) &= Q(t_0 + \tau_1) + \int_{x=\tau_1}^{\Delta t} (ACR_1(x - \tau_1) - LCR)\mathrm{d}x \\
&= Q(t_0 + \tau_1) - LCR(\Delta t - \tau_1) + ACR(t_0)(\Delta t - \tau_1) \\
&\quad + 12LCR.AIR(\Delta t^2 - 2\Delta t\tau_1 + \tau_1^2)
\end{aligned}
\tag{2.7}
$$

On désigne par Δt_1 la durée de la phase 1. Le calcul de Δt_1 diffère selon que ACR a atteint la valeur PCR ou non. Si ACR reste inférieur à PCR, Δt_1 est donnée par l'instant où la taille du buffer dépasse Q_H plus le temps de retour d'une information τ_f c'est-à-dire :

$$
\Delta t_1 = Q_1^{-1}(Q_H) + \tau_f
\tag{2.8}
$$

Les valeurs initiales pour la phase 2 sont calculées par :

$$
ACR(t_1) = ACR_1(\Delta t_1)
$$

$$
Q(t_1 + \tau_1) = Q_1(\Delta t_1 + \tau_1)
\tag{2.9}
$$

Autrement, on détermine l'intervalle de temps $\Delta t_1'$, qui sépare l'instant, du début de la phase et celui où ACR atteint la valeur PCR. Il est donné par :

$$
\Delta t_1' = ACR_1^{-1}(PCR)
\tag{2.10}
$$

De l'instant jusqu'à la détection d'une congestion, ACR reste inchangé et a pour valeur PCR. A l'instant la taille du buffer est donnée par :

$$
Q(t_1' + \tau_1) = Q_1(\Delta_1' + \tau_1)
\tag{2.11}
$$

Si $Q(t_1' + \tau_1) \geq Q_H$, la durée de la phase 1 s'obtiendra par l'équation (2.5) parce que la taille du buffer dépasse Q_H avant que la valeur PCR soit atteinte. Si non, la source continue de transmettre ces cellules avec un taux égal à PCR jusqu'à la congestion. Ainsi, on obtient. :

$$
\Delta t_1 = \Delta t_1' + \frac{Q_H - Q(t_1' + \tau_1)}{PCR - LCR} + \tau
\tag{2.12}
$$

Dans les deux les valeurs intitiales de ACR et la taille du buffer pour la phase 2 par

$$
ACR(t_1) = PCR
$$

$$
Q(t_1 + \tau_1) = Q(t_1' + \tau_1) + (\Delta t_1 - \Delta t')(PCR - LCR)
\tag{2.13}
$$

Phase 2

Cette phase commence à l'instant d'arrivée, à la source, d'une cellule RM indiquant la congestion et se termine à l'instant d'arrivée d'une autre cellule RM signalant qu'il n'y a plus de congestion, c'est-à-dire la taille du buffer est inférieure à Q_L. A chaque retour d'une cellule RM à la source, ACR diminue d'une façon multiplicative, avec le facteur N_{rm}/RDF, jusqu'à ce qu'il atteint la valeur MCR. Comme dans la phase 1 , le buffer est non vide durant cette phase et le taux d'arrivées des cellules RM à la source est constant, il est donné par :LCR/N_{rm}. La variation de ACR est donnée donc par l'équation différentielle suivante :

$$
\frac{dACR_2(\Delta t)}{dt} = -ACR_2(t)\frac{LCR}{RDF}
\tag{2.14}
$$

qui a pour solution :

$$
ACR_2(\Delta t) = ACR(t_1)e^{(-\frac{LCR}{RDF}\Delta t)}
\tag{2.15}
$$

avec la condition initiale $ACR_2(0) = ACR(t_1)$. L'évolution de la taille du buffer dans la phase 2 est déterminée par :

$$Q_2(\Delta t) = Q(t_1 + \tau_1) + \int_{x=\tau_1}^{\Delta t} (ACR_2(x - \tau_1) - LCR)\mathrm{d}x$$
$$= Q(t_1 + \tau_1) - LCR(\Delta t - \tau_1) +$$
$$ACR(t_1)\frac{RDF}{LCR}(1 - e^{-\frac{LCR}{RDF}(\Delta t - \tau_1)}) \tag{2.16}$$

Si ACR n'atteint pas la valeur MCR, la durée Δt_2 de la phase 2 se calculera par :

$$\Delta t_2 = Q_2^{-1}(Q_L) + \tau_f \tag{2.17}$$

c'est-à-dire le temps pris pour que la taille du buffer devient inférieure à Q_L plus le temps de retour d'une information à la source. Les valeurs initiales pour la phase suivante sont calculées de la manière suivante :

$$ACR(t_2) = ACR_2(\Delta t_2)$$

$$Q(t_2 + \tau_1) = Q_2(\Delta t_2 + \tau_1) \tag{2.18}$$

Autrement, nous déterminons $\Delta t'_2$ qui désigne l'intervalle de temps séparant l'instant du début de la Phase 2 à l'instant, où ACR atteint la valeur MCR. Il est donné par :

$$\Delta t'_2 = ACR_2^{-1}(MCR) \tag{2.19}$$

La longueur du buffer à l'instant est, donc :

$$Q(t'_2 + \tau_1) = Q_2(\Delta t'_2 + \tau_1) \tag{2.20}$$

Si $Q(t'_2 + \tau_1) \prec Q_L$, la durée de la phase 2 s'obtiendra par l'équation (2.14).
Si $Q(t'_2 + \tau_1) \succ Q_L$ on aura :

$$\Delta t_2 = \Delta t'_2 + \frac{Q_L - Q(t'_2 + \tau_1)}{MCR - LCR} + \tau \tag{2.21}$$

Dans les deux cas, les valeurs initiales pour la phase 3 sont :

$$ACR(t_2 + \tau_1) = MCR$$

$$Q(t_2 + \tau_1) = Q(t'_2 + \tau_1) + (\Delta t_2 - \Delta t'_2) * MCR - LCR) \tag{2.22}$$

Maintenant, il existe deux cas possibles, si le buffer est non vide jusqu'à ce que ACR atteigne une autre fois LCR, on passera à un nouveau cycle avec la phase 1. Si non, nous continuerons le cycle courant avec la description des phases 3 et 4.

Phase 3

Au début de cette phase la source reconnaît, que la congestion est terminée et ACR augmente de nouveau, comme dans la phase 1. Ainsi, nous avons :

$$ACR_3(\Delta t) = ACR(t_2) + LCR * AIR * \Delta t \tag{2.23}$$

$$Q_3(\Delta t) = Q(t_2 + \tau_1) - LCR(\Delta t - \tau_1) + ACR(t_2)(\Delta t - \tau_1)$$
$$+ \frac{1}{2}LCR * AIR(\Delta t^2 - 2\Delta t\tau_1 + \tau^2) \tag{2.24}$$

Le buffer devient vide à l'instant et les arrivées des cellules RM à la source dépendent de ACR. Comme le montre la figure 2.3, la phase 3 dure jusqu'à l'instant $t_3 = t^* + \tau_f$. Pour simplifier, nous abordons le cas où la valeur PCR n'est pas atteinte durant cette phase. Si non, un traitement similaire à celui décrit dans les phases 1 et 2 est nécessaire.

Si $t^* t_2 + \tau_1$, c'est-à-dire le buffer deviendra vide dans la phase 2 et la durée Δt_3de la phase 3 se calculera de la maniéré suivante :

$$\Delta t_3 = \tau_f - (t_2 - t^*) \tag{2.25}$$

Si ce n'est pas le cas,Δt_3 deviendra :

$$\Delta t_3 = Q_3^{-1}(0) + \tau_f \tag{2.26}$$

La valeur initiale de ACR pour la phase A est donnée par :

$$ACR(t_3) = ACR_3(\Delta t_3) \tag{2.27}$$

Si $ACR(t_3)$ ne dépasse pas LCR, alors le buffer sera vide à l'instant $t_3 + \tau_1$c'est-à-dire $Q(t_3 + \tau_1) = 0$.

Si ACR dépasse LCR dans la phase 3, nous obtiendrons la taille du buffer par :

$$Q(t_3 + \tau_1) = \frac{1}{2}LCR * AIR((\Delta t_3 - \Delta t_3')^2 - 2(\Delta t_3 - \Delta t_3')\tau_1 + \tau_1^2) \tag{2.28}$$

où $\Delta t_3'$ désigne la durée nécessaire pour atteindre la valeur LCR dans la phase 3,

$$\Delta t_3' = ACR_3^{-1}(LCR) \tag{2.29}$$

Phase 4

Du fait que le buffer est vide au début de cette phase, le taux des arrivées des cellules RM, à la source, à l'instant t dépend de la valeur de ACR à τ unités du temps avant, c'est-à-dire $ACR(t - \tau)/N_{rm}$. A chaque arrivée d'une cellule RM, ACR est augmenté de Sa variation est décrite par l'équation différentielle suivante :

$$\frac{dACR_4(\Delta t)}{dt} = AIR * ACR_4(t - \tau) \tag{2.30}$$

avec la condition initiale $ACR_4(0) = ACR(t_3)$.
Cette équation a pour solution :

$$ACR_4(\Delta t) = ACR(t_3)e^{\beta \Delta t} \tag{2.31}$$

où β est la racine de $\beta = AIR.e^{-\beta \tau}$ Pour l'évolution de la taille du buffer nous obtenons :

$$
\begin{aligned}
Q_4(\Delta t) &= Q(t_3 + \tau_1) + \int_{x=\tau_1}^{\Delta t} (ACR_4(x - \tau_1) - LCR)\mathrm{d}x \\
&= Q(t_3 + \tau_1) - LCR(\Delta t - \tau_1) + \frac{1}{\beta}ACR(t_3)(e^{\beta(\Delta t - \tau_1) - 1})
\end{aligned}
\tag{2.32}
$$

Dans cette phase, nous supposons aussi que la valeur PCR n'est, pas atteinte.
Si $Q(t_3 + \tau) = 0$ (i.e. $ACR(t_3) \prec LCR$), nous obtiendrons la durée de la phase 4 par :

$$\Delta t_4 = ACR_4^{-1}(LCR) + \tau \tag{2.33}$$

Les valeurs de ACR et de la taille du buffer au début de la phase suivante, qui sera la phase 1 du cycle prochain, sont données par :

$$ACR(t_4) = ACR_4(t_4)$$

$$Q(t_4 + \tau_1) = -LCR.\tau + \frac{1}{\beta}ACR(t_3)(e^{\beta \Delta t_4} - e^{\beta(\Delta t_4) - \tau}) \tag{2.34}$$

Si $Q(t_3 + \tau_1 \succ 0$, nous obtiendrons :

$$\Delta t_4 = \tau - (\Delta t_3 - \Delta t_3') \tag{2.35}$$

où $\Delta t_3'$ est la durée nécessaire pour atteindre la valeur LCR dans la phase 3. Dans ce cas, les valeurs du début de la phase 1 du cycle prochain sont calculées de la manière suivante :

$$ACR(t_4) = ACR_4(\Delta t_4)$$

$$Q(t_4 + \tau_1) = Q_4(\Delta t_4 + \tau) \tag{2.36}$$

La variation du délai de bout en bout, entre la source et la destination, d'une cellule émise à l'instant t est facilement calculée. Puisqu'une cellule prend unités du temps pour arriver au commutateur, son délai total de bout on bout D(t) est déterminé par :

$$D(t) = \tau + Q(t + \tau_1)/LCR \tag{2.37}$$

Chapitre 3

Modéle avec deux commutateurs ATM

3.1 Introduction

Plusieurs paramètres ont une influence sur les performances et la qualité de service (QoS) des connexions ADR. Quelque de ces paramètres sont fixes. C'est le cas par exemple des capacités maximales des files d'attente et du délai d'aller retour. D autres peuvent, être négociables à l'établissement d'une connexion. Il est par conséquent, crucial d avoir des mécanismes qui permettent au réseau de bien choisir cos derniers paramétrés en fonction des paramètres fixes et de la qualité de service à laquelle il devrait répondre.

Des modèles simples de réseaux informatique à base d'une seule file d'attente ont été développés ces dernières années [10, 36, 37, 40, 48], pour mettre en uvre de tels mécanismes.

L'objectif de ce chapitre est d'étudier et d'analyser un cas, plus élargi [5], où une connexion ABR passe à travers deux commutateurs ATM. Il est tout à fait évident que si le premier commutateur à une bande passante inférieure à celle du second, l'accumulation des cellules ne se produira jamais dans le commutateur en aval. Et par conséquent, on tombera sur l'approche avec une seule file d'attente. Pour cela nous allons considérer, dans notre étude, le cas où la bande passante du premier commutateur est supérieure à celle du second.

Nous considérons à la fois, les commutateurs basés EFCI et ER. Deux buts sont vises par cette étude. Premièrement, nous allons essayer de comprendre le phénomène du goulot d'étranglement. Nous montrons que ce n'est pas, nécessairement, le commutateur qui a la bande passante la plus petite qui est responsable de la congestion, ou qui se construit le premier (premier commutateur dont la taille de la file d'attente commence à augmenter de nouveau). Ensuite, nous calculons les bornes des tailles tics files d'attente en fonctions des paramètres fixes (délai d'aller retour, les capacités maximales des files d'attente ...etc.). Ce qui nous permet de calculer les paramètres de contrôle pour lesquels aucune perte de cellules ne se produira, dans le cas où les tailles maximales des files d'attente sont connus à priori.

3.2 Notation et description du modéle analytique

3.2.1 Description du modéle

Dans les chapitres précédents, nous avons décrit brièvement le comportement des sources des destinations et des commutateurs ATM. Nous avons vu également la manière dont les informations de contrôle de congestion parviennent aux sources ABR et la manière dont ces dernières adaptent leur taux de transmission, ACR, à l'état du réseau.

Dans ce qui suit, nous n'allons pas utiliser le bit NI des cellules RM, i.e. sa valeur va rester inchangée à zéro. Cela signifie que la file d'attente de chacun des deux commutateurs, constituant le modèle de réseau considéré, présentera un seul seuil (i.e. un seul indicateur de congestion).

Ainsi, dans le cas des commutations basés EFCI, si la longueur d'une file d'attente dépasse son seuil (dans notre cas, chaque commutateur est caractérisé par un soûl seuil Q_i (i=l,2), voir la figure 3.1), le commutateur met, le bit EFCI, de chaque cellule de données, à la valeur 1 jusqu'à ce que la longueur de cette file devienne inférieure à son seuil. Ensuite c'est, la destination qui met le bit CI, de la cellule RM reçue, au contenu de lût, EFCI de la dernière cellule de données arrivée à la destination.

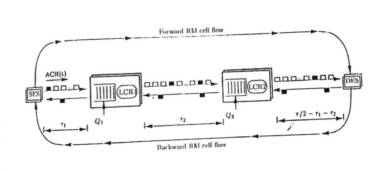

FIGURE 3.1 – Modéle avec deux commutateur en tendem

Alors que pour les commutateurs basés ER, si la congestion n'est, pas détecté (i.e. la longueur de chaque file d'attente des deux commutateurs est, inférieure à son seuil), le taux de transmission, ACR, le la source ABR évolue de la même façon que dans les commutateurs EFCI. Autrement, différentes méthodes, pour mettre à jour le champ ER, ont été proposées (Fair Share, Load Factor, Load Adjustement Factor ... [18, 27, 28, 3G]). Comme dans [40], la méthode Fair Share est considérée dans ce travail. Cette méthode consiste, quand la congestion est, détecte, à calculer un champ FS (Fair Share) qui dépend à la fois du taux de service de la file d'attente et, de MCR négocié, avec le réseau, lors de l'établissement de la connexion. Dans notre cas chaque commutateur calcule son champ FS (FS_i, i= 1,2). Si les deux commutateurs sont, en état de congestion, la valeur de champ FS est. mise à min(FS_1, FS_2). Chaque champ FS_i (i=1,2) est donné par $FS_i = LCR_i - MCR$ où LCR_i est le taux de service de la file d'attente du i^{ieme} commutateur ATM (Link Capacity Rate). Ensuite ER_i sera calculé comme suit

$$ER_i = MCR - ERF_i * FS_i \tag{3.1}$$

avec ERF_i (Explicit Reduction Factor).

Dans ce travail nous prenons
$((ERF_1 = ERF_2) = ERF)etMCR = 0$, ainsi on aura,

$$ER_1 \triangleq ERF * LCR1 et ER \triangleq ERF * LCR_2$$

Considérons une source (SES) ABR saturée (i.e. ayant des cellules à transmettre a tout instant) envoyant vers une destination (DES)(voir figure 3.1). La source ABR et la destination sont séparées par deux commutateurs ATM en tandem, avec deux taux de services LCR_1 et LCR_2. On suppose que $PCR \succ LCR_1 \succ LCR_2 \succ MCR$. On suppose également que les tailles maximales des files d'attente sont suffisamment, grandes pour qu'il n'ait pas de pertes (on calculera les tailles garantissant zéro pertes). Les cellules RM traversent deux commutateurs avant d'arriver à la destination (voir figure 3.1). Le temps nécessaire à une cellule RM, dans un système vide, pour aller de la source à la destination, et de retourner de nouveau à la source est τ (temps de service non compris). Les cellules mettent unité de temps de la source au premier commutateur ATM et τ_2 unité de temps pour parcourir la distance entre les deux commutateurs (voir aussi figure 3.1).Le temps de parcours mis par une cellule du deuxième commutateur à la destination et de la destination a la source dans un système vide est donc $\tau_3 = \tau1 - \tau2$.

La variation du taux do transmission, autorisé à la source, ACR(t) est cyclique. Nous définissons un cycle par le temps séparant deux instants où ACR(t) est égal à LCR_2 dans sa phase d'augmentation. Ces instants sont donnés par $T_2^n - \tau1 - \tau_2$ et $T_2^{n+1} - \tau1 - \tau_2$ (voir figure 3.2 pour T_2^n et T_2^{n+1}). Nous définissons de même Q_1 respectivement Q_2, comme étant les seuils pour le premier et le second commutateur respectivement (voir figure 3.1).

3.2.2   Notation du modéle

- $T_1^n \triangleq$ l'instant où la premiére file d'attente commence à se construire dans le n^iem cycle.

22

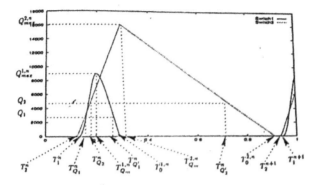

FIGURE 3.2 – Comportement typique des tailles des files d'attente

- $T_2^n \triangleq$ l'instant où la deuxiéme file d'attente commence à se construire dans le $n^i em$ cycle.
- $Q_1^n \triangleq$ la longueur de la premiére file d'attente à l'instant $T_1^n, Q_1^0 = 0$.
- $Q_2^n \triangleq$ la longueur de la deuxiéme file d'attente à l'instant $T_2^n, Q_2^0 = 0$.
- $Q_{max}^{2,n} \triangleq$ la taille maximale de la deuxiéme file d'attente pendant le le $n^i em$ cycle.
- $Q_1(t) \triangleq$ la longeur de la premiére file d'attente à l'instant t.
- $Q_2(t) \triangleq$ la longeur de la deuxiéme file d'attente à l'instant t.
- $T_{Q_1}^n \triangleq$ l'instant où la taille de la premiére file d'attente atteint Q_1, dans sa phase d'augmentation, pendant le le $n^i em$ cycle.
- $T_{Q_2}^n \triangleq$ l'instant où la taille de la deuxiéme file d'attente atteint Q_1, dans sa phase d'augmentation, pendant le le $n^i em$ cycle.
- $T_{Q_1'}^n \triangleq$ l'instant où la taille de la premiére file d'attente atteint Q_1, dans sa phase de diminution, pendant le le $n^i em$ cycle.
- $T_{Q_2'}^n \triangleq$ l'instant où la taille de la deuxiéme file d'attente atteint Q_2, dans sa phase de diminution, pendant le le $n^i em$ cycle.

Nous supposons qu'après le premier cycle la deuxième file d'attente ne se vide jamais (i e utilisation de la bande passante disponible à 100). Nous allons établir les conditions pour lesquelles cette hypothèse est vérifiée. Il est remarquable que le risque de la congestion est reconnue par la source τrespectivement $\tau_1 + \tau_2$ après sa détection par le premier commutateur respectivement le second commutateur (i.e. le temps entre deux cellules RM et, le temps de service d'une cellule sont négligés). En pratique, l'indication de congestion peut prendre beaucoup plus de temps de l'instant où il a lieu jusqu'à son arrivée à la source ; ce surplus de temps est donné par le temps entre deux cellules RM, i.e.$(N_{rm} - 1)/LCR_2$ plus le temps de service dans le premier commutateur $1/LCR_1$. Nous supposons aussi que $ICR = LCR_2$. En effet, il n'est pas raisonnable de négocier un ICR plus grand que la bande passante disponible au début de la connexion ;$ICR = LCR_2$ coorespond à la plus grand valeur initiale possible (rafale (burst) maximale initiale).

3.3 Résultats du modéle

3.3.1 Motivation

Dans les sections qui suivent, nous présentons les résultats obtenus pour la phase transitoire et ceux obtenus pour la phase stationnaire. La phase transitoire nous fournira des bornes sur la taille maximale de chaque file d'attente des deux commutateurs ATM Q_i^t(i=1,2), qui sera uniforme pour tout instant. Ceci dit, si la capacité de la file d'attente est plus large que la taille maximale calculée, il n'y aura aucune perte à aucun moment. La phase stationnaire, quand à elle, nous permettra de calculer des bornes pour les cas où la file est initialement à l'état, stationnaire. Nous obtenons ainsi, des pertes négligeables pour un temps de communication suffisamment long, pour des files d'attentes de capacité plus large que les tailles maximales Q_i^s(i=1,2) (les tailles dans ce cas sont plus petites que celles calculées pour la phase transitoire).

En nous appuyant sur des simulations, nous supposons que l'état stationnaire existe, et est atteint en un temps fini. La taille maximale de la file d'attente i (i=1,2) est alors

$$Q_i^s = \overline{\lim_{n\to\infty}}(Q_{max}^{i,n}), i = 1,2$$

Lemme 3.3.1 P1) Si la file 1 est non vide à l'instant t alors la file 2 est aussi non vide à l'instant $t + \tau_2$
. **P2)** Si la taille de la file 2 dépasse son seuil Q_2 dans le n^{ieme} cycle alors la file 1 devient vide à la fin de ce cycle.
Preuve :

La propriété 1 est évidente, en effet si la file 1 est non vide à l'instant t, alors le taux d'entré des cellules au deuxième commutateur à l'instant $t + \tau_2$ sera égal à $LCR_1 \succ LCR_2$. Ce qui veut dire que la file 2 est non vide à l'instant $t + \tau_2$. Pour la propriété 2, si la file 2 dépasse son seuil Q_2 et la file 1 est non vide, alors la taille de la file 2 continue à augmenter. Par conséquent, sa taille décroît (à l'instant t) seulement si la file 1 est vide (à l'instant $t - \tau 2$), ce qui devrait arriver (après un certain délai) puisque ACR[t] diminue tant que la file 2 dépasse son seuil.

Définition.3.3.2 i) La file i est un goulot au sens strict si et seulement si la file j (j), reste tout le temps vide.

ii) La file i est le goulot essentielle si la file j (j) n'atteint jamais son seuil de congestion Q_j.

iii) On dira. que la congestion est tout le temps due au commutateur 2 si et seulement, la file 2 atteint son seuil Q_2, pas plus tard, que τ_2 avant que la file 1 ait atteint son seuil Q_i (la première cellule RM indiquant, la congestion est mise à jour par le second commutateur :$T_{Q_2}^n 2 + \tau_2, T_{Q_1}^n; \forall n)$, et la congestion est tout le temps due au premier commutateur si et seulement si la file 1 atteint son seuil Q_1 pas plus tard que τ_2 après que la file 2 ait atteint le sien $T_{Q_2}^n 2 + \tau_2, T_{Q_1}^n; \forall n)$.

Remarque 3.3.3 La file une ne peut pas être un goulot au sens strict.
Lemme 3.3.4 Si $Q_i^n > Q_i^m$ pour certain n et rn, alors $Q_{max}^{i,n}\ Q_{max}^{i,m}, i = 1, 2$.

Théorème 3.3.5 Quand la congestion est tout le temps due au second commutateur, les tailles maximales des files d'attentes, dans les deux commutateurs, sont obtenues devant le premier cycle par

$$Q_1^t \triangleq max_{n\geq0}(Q_{max}^{1,n} = Q_{max}^{1,0} et Q_2^t \triangleq max_{n\geq0}(Q_{max}^{2,n} = Q_{max}^{2,0}$$

Preuve

Notons, tout d'abord, que $Q_1^n = 0$. Ceci vient du lemme 3.3.1 **P2**. Pour tout n, on a $Q_2^n \geq Q_2^0$, puisqu'on considère que la file 2 est initialement vide. A présent nous allons utiliser la propriété suivante : supposons $Q_2^n \geq Q_2^m$ pour certains n et m. Alors le temps que Prend la file 2 pour atteindre son seuil Q_2, dans le n^{ieme} cycle, est plus court que le temps qu'elle met pour atteindre Q_2 dans le m^{ieme} cycle. Il découle, que ACR dans le n^{ieme} cycle à l'instant $T_{Q_2}^n - \tau_1 - \tau_2 + t$ est plus petit que le ACR dans le m^{ieme} cycle à l'instant $T_{Q_2}^n - \tau_1 - \tau_2 + t$ pour t ¿ 0. Par conséquent, la taille de la file 2 dans le n^{ieme} cycle à l'instant $T_{Q_2}^n + t$ est plus petite que sa taille dans le m^{ieme} cycle à l'instant $T_{Q_2}^n + t$ t ¿ 0. Ensuite, la preuve, pour la file 2, se déduit, en prenant m = 0 et n arbitraire. Des arguments similaires aboutissent à la preuve pour la file 1.

Remarque 3.3.6 Dans le théorème 3.3.5, nous avons également établit la preuve du lemme 3.3.4.
Soient $A_{1,n}, A_{2,n}, B_{2,n}, C_{2,n}$, définis comme suit :

$$A_{1,n} \triangleq \begin{cases} \sqrt{\frac{2(Q_1-Q_1^n)}{AIR*LCR_2}}, & \text{si } \frac{PCR-LCR_1}{AIR*LCR_2} \geq \sqrt{\frac{2(Q_1-Q_1^n)}{AIR*LCR_2}} \\ \frac{Q_1-Q_1^n}{PCR-LCR_1} + \frac{PCR-LCR_1}{2*AIR*LCR_2}, & \text{ailleurs} \end{cases}$$

$$A_{2,n} \triangleq \begin{cases} \sqrt{\frac{2(Q_2-Q_2^n)}{AIR*LCR_2}} - \frac{LCR_1-LCR_2}{AIR*LCR_2}, & \text{si } \frac{LCR_1-LCR_2}{AIR*LCR_2} \geq \sqrt{\frac{2(Q_2-Q_2^n)}{AIR*LCR_2}} \\ \frac{Q_2-Q_2^n}{LCR_1-LCR_2} - \frac{LCR_1-LCR_2}{2*AIR*LCR_2}, & \text{ailleurs} \end{cases}$$

$$B_{2,n} \triangleq (2(\tau_1 + \tau_2) + A_{2,n} - \frac{PCR-LCR_2}{AIR*LCR_2}^+$$

$$et C_{2,n} \triangleq min(2(\tau_1 + \tau_2) + A_{2,n}, \frac{PCR-LCR_2}{AIR*LCR_2}$$

24

où $(x)^+ = max(0, x).Q_1^n et Q_2^n$ sont données dans le théoréme 3.3.8 et le théoréme 3.3.9.

3.3.2 Résultats pour la phase transitoire

Théoréme 3.3.7 Pour les deux classes de commutateurs : les commutateurs basés EFCI et ceux basés ER, on a les résultats suivant :
i)la file 2 commence à se remplir (se construire) la première avant la file 1, si est seuelment si

$$\tau_2 \prec \frac{LCR_1 - LCR_2}{AIR * LCR_2}$$

ii) Les propriétés suivantes sont équivalentes :
- (ii.a) La congestion est tout le temps du au second commutateur
- (ii.b) $A_{1,n} - A_{2,n}; \forall n$.
- (ii.c) $2\tau_2 A_{1,0} - A_{2,0}$

Théroéme 3.3.8 si la congestion est tout le temps due au second commutateur, alors on
i) Pour les deux classes de commutateurs : les commutateurs basés EFCI et ceux basés ER, les propriétés suivantes sont équivalentes :

- (i.a) La file deux est un goulot au sens strict.
- (i.b) $2(\tau_1 + \tau_2) - A_{2,n}; \forall n$.
- (i.c) $2(\tau_1 + \tau_2) - A_{2,0}$

ii) Pour les commutateurs basés EFCI, la file deux est un goulot essentiel si

$$2(\tau_1 + \tau_2) \succ \sqrt{\frac{2Q_1}{AIR * LCR_2} \frac{LCR_1}{LCR_1 + AIR * RDF}} - A_{2,0}$$

iii) Pour les commutateurs basés EFCI, si la file deux n'est pas un goulot au sens strict, alors les tailles maximales des files d'attente dans les deux commutateurs $(Q_1^t et Q_2^t)$ sont données par

$$
\begin{aligned}
Q_1^t = {} & \frac{AIR * LCR_2}{2} C_{2,0}^2 + (PCR - LCR_1)B_{2,0} + RDF * AIR * C_{2,0} \\
& - \frac{RDF * LCR_1}{LCR_2} \log(1 + \frac{AIR * LCR_2}{LCR_1} C_{2,0})
\end{aligned}
\tag{3.2}
$$

$$
\begin{aligned}
Q_2^t = {} & \frac{LCR_1 - LCR_2}{LCR_1}(Q_1^t + LCR_1(2(\tau_1 + \tau_2) + A_{2,0}) \\
& + \frac{RDF * (LCR_1 - LCR_2)}{LCR_2}) + \frac{(LCR_1 - LCR_2)^2}{2 * AIR * LCR_2} \\
& + \frac{RDF(LCR_1 - LCR_2)}{LCR_2} \log(1 + \frac{AIR * LCR_2}{LCR_1} C_{2,0})
\end{aligned}
\tag{3.3}
$$

Les bornes suivantes sont vérifiées :

$$
\begin{aligned}
& Q_2^n (Q_2 + RDF(1 - e^{-\frac{LCR_2}{RDF}\tau})) \\
& - \frac{LCR_2}{2 * AIR}(2 * AIR * \tau + (1 - e^{-\frac{LCR_2}{RDF}\tau})^2))^+,
\end{aligned}
\tag{3.4}
$$

$$Q_2^n \geq (Q_2 - LCR_2(\tau + \frac{1}{2 * AIR}))^+$$

$$Q_1^t = \frac{AIR * LCR_2}{2}(1 + \frac{AIR * RDF}{LCR_1})(2(\tau_1 + \tau_2) + A_{2,0})^2 \tag{3.5}$$

$$
\begin{aligned}
& Q_2^t Q_1^t + \frac{RDF(LCR_1 - LCR_2)}{LCR_2} \log(1 + \frac{AIR * LCR_2}{LCR_1} C_{2,0}) \\
& + \frac{(LCR_1 - LCR_2)^2}{2 * AIR * LCR_2} + (LCR_1 - LCR_2)(2(\tau_1 + \tau_2) + A_{2,0} \\
& + RDF(\frac{LCR_1 - LCR_2}{LCR_2} - \log(\frac{LCR_1}{LCR_2}))
\end{aligned}
\tag{3.6}
$$

iv) Pour les commutateurs basés ER, la file deux est un goulot essentiel si

$$2(\tau_1 + \tau_2) \prec \sqrt{\frac{2Q_1}{AIR * LCR_2}} - A_{2,0}$$

v) Pour les commutateurs basés ER, si la file deux n'est pas un goulot au sens strict, alors les tailles maximales des files d'attente dans les deux commutateurs $Q_1^t et Q_2^t$ sont données par

$$Q_1^t = \frac{AIR * LCR_2}{2} C_{2,0}^2 + (PCR - LCR_1) B_{2,0} \tag{3.7}$$

$$\begin{aligned}
Q_2^t = (LCR_1 - LCR_2)(2(\tau_1 + \tau_2) + A_{2,0} + \frac{LCR_1 - LCR_2}{2 * AIR * LCR_2} \\
+ \frac{LCR_1 - LCR_2}{LCR_1 - ER_2} Q_1^t
\end{aligned} \tag{3.8}$$

$$Q_1^n = 0 et Q_2^n = (Q_2 - (LCR_2 - ER_2)(\tau + (\frac{LCR_2 - ER_2}{AIR * LCR_2}))^+ \tag{3.9}$$

La borne suivante est vérifiée :

$$Q_1^t \frac{AIR * LCR_2}{2}(2(\tau_1 + \tau_2) + A_{2,0})^2 \tag{3.10}$$

Les preuves des deux théorèmes précédents sont données dans la section 4.4 Parite manque

3.3.3 Résultats pour la phase stationnaire

Dans ce qui suit, le cas de la phase stationnaire, on se restreindra uniquement mi la congestion est tout le temps dur au second commutateur ATM. Le comportement à l'étal, stationnaire est un régime périodique obtenu après une période de transition, ce qui fait que la congestion cst due tout temps au second commutateur Si et seulement si $T_{Q_2}^n + \tau_2 \ T_{Q_1}^n$ pour certain $n \geq 1$. L'hypothèse ci-dessus s'applique à toutes les simulations qu'on a pu observer, dans le cas où la file 2 ne se vide jamais. Ainsi, nous obtenons dans la plus part des simulations le comportement suivant : après une période transitoire finie, l'état stationnaire est atteint, et la congestion est toujours due au second commutateur. Ce comportement peut être observé, en particulier, dans la figure 3.3.3 qui montre l'évolution des tailles des files d'attente en fonction du temps, pour le cas où $LCR_1 = 8.08 Mbps, LCR_2 = 6.73 Mbps, Q_1 = Q_2 = 5000$ cellules et $\tau = 6.22 msec$.

Théorème 3.3.9 Si la file 2 n'est pas le goulot au sens strict et la congestion est tout le temps due au second commutateur, alors
i) Pour les commutateurs basés EFCI, la taille maximale de la file 1 et celle de la file $2(Q_1^s et Q_2^s)$ sont données par

$$\begin{aligned}
Q_1^s = \frac{AIR * LCR_2}{2} C_{2,\infty} + (PCR - LCR_1) B_{2,\infty} + RDF * AIR * C_{2,\infty} \\
- \frac{RDF * LCR_1}{LCR_2} \log(1 + \frac{AIR * LCR_2}{LCR_1} C_{2,\infty}
\end{aligned} \tag{3.11}$$

$$\begin{aligned}
Q_2^s = Q_2^\infty \frac{LCR_1 - LCR_2}{LCR_1} (Q_1^s + \frac{RDF(LCR_1 - LCR_2)}{LCR_2} \\
+ (LCR_1 - LCR_2)(2(\tau_1 + \tau_2) + A_{2,\infty} + \frac{(LCR_1 - LCR_2)^2}{2 * AIR * LCR_2} \\
+ \frac{RDF(LCR_1 - LCR_2)}{LCR_2} \log(1 + \frac{AIR * LCR_2}{LCR_1} C_{2,\infty} \\
où Q_2^\infty = (Q_2 - LCR_2(\tau + \frac{1}{2 * AIR}))^+
\end{aligned} \tag{3.12}$$

ii) Pour les commutateurs basés ER, les tailles maximales de la file 1 et de la file 2 $(Q_1^s et Q_2^s)$, sont données par

$$Q_1^s = \frac{AIR * LCR_2}{2} C_{2,\infty}^2 + (PCR - LCR_1) B_{2,\infty} \tag{3.13}$$

26

$$Q_2^s = Q_2^\infty + (LCR_1 - LCR_2)(2(\tau_1 + \tau_2) + A_{2,\infty} + \frac{LCR_1 - LCR_2}{2 * AIR * LCR_2}$$
$$+ \frac{LCR_1 - LCR_2}{LCR_1 - ER_2}Q_{1,s} \tag{3.14}$$

où

$$Q_2^\infty = (Q_2 - (LCR_1 - LCR_2)(\tau + \frac{LCR_2 - ER_2}{AIR * LCR_2}))^+ \tag{3.15}$$

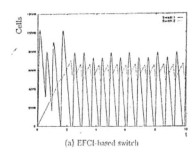

(a) EFCI-based switch

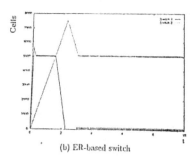

(b) ER-based switch

FIGURE 3.3 – Tailles des files d'attente en fonction de temps

3.4 Analyse et preuve des résultats

3.4.1 Evolution de ACR(t)

L'évolution do ACRt) suit, deux phases dans notre cas ($ICR = LCR_2$) la file 2 ne se vide jamais), dépendant du fait que le risque de congestion est détecté ou non.

phase 1 : Pas de congestion et la file 2 n'est, pas vide

Cette phase concerne (i) le premier cycle (n = 0) qui commence apres le retour, à la source ABR, de la première cellule RM ; nous considérons, donc, que $ACR(T_2^0 - \tau_1 - \tau_2) = LCR_2$, et (ii) tous les autres cycles suivants tant que le risque de la congestion n'est pas détecté.
L'évolution de ACR(t) est donné par,

$$\frac{dACRT(t)}{dt} = AIR * LCR_2$$

27

Aprés résolution de cette équation différentielle nous obtenons,

$$ACR(t) = ACR(t_0) + AIR * LCR_2 \qquad (3.16)$$

t_0 est l'instant, qui marque le début de cette phase, qui arrive à sa fin lorsqu'une cellule HM est reçue , par la source ABR, avec le bit Cl mis à la valeur 1.

Phase 2 : La congestion est détectée

Quand une congestion est détectée, ACR(f) est réduit multiplicativement au dessus de MCR et son évolution es donnée par,

$$\frac{dACR(t)}{dt} = -\frac{LCR_2}{RDF} * ACR(t)$$

par conséquent,

$$ACR(t) = ACR(t_1) e^{\frac{-LCR_2}{RDF}(t-t_1)} \qquad (3.17)$$

t_1 est l'instant initial de cette phase qui correspond à l'instant de la fin da la phase 1.

3.4.2 Analyse transitoire

On calcule tout dabord T_1^n, respectivement. T_2^n, linstant où la file 1 respectivement la file 2 commence à se remplir (se construire).

Par définition, on a

$$ACR(T_1^n - \tau_1) = LCR_1 \, et \, ACR(T_2^n - \tau_1 - \tau_2) = LCR_2$$

puisque la file 2 est supposée toujours non vide, révolution de ACR(t) suit alors la première phase, i.e. léquation (3.17). Par conséquent

$$ACR(T_1^n - \tau_1) = LCR_2 + AIR * LCR_2(T_1^n - T_2^n + \tau_2) = LCR_1, \qquad (3.18)$$

$$d'où T_1^n - T_2^n = \frac{LCR_1 - LCR_2}{AIR * LCR_2} - \tau_2 \qquad (3.19)$$

La file 2 commence à se remplir la première, si et seulement si $T_1^n - T_2^n > 0$. De léquation (3.19), on obtient alors le Théorème 3.3.7-i).

Définissant $T_P CR^n$ par

$$ACR(T_P CR^n) = PCR = LCR_1 + AIR * LCR_2(T_P CR^n - T_1^n + \tau_1)$$

ce qui donne

$$T_P CR^n = T_1^n - \tau_1 + \frac{PCR - LCR_1}{AIR * LCR_2} = T_1^n - \tau_1 - \tau_2 + \frac{PCR - LCR_2}{AIR * LCR_2} \qquad (3.20)$$

Dos cellules RM, avec le bit Cl mis à la valeur 0, sont envoyées par les commutateur ATM, jusquà linstant $T_{Q_1}^n$ (ou $T_{Q_2}^n$) où la taille de lune des des deux files dattente atteint son seuil de congestion Q_1 (ou Q_2) (voir la figure 3.2). Ces instants seront calculés dans l'absence des phénomènes de congestion (seule léquation (3.19) sera utilisée).

Pour $T_{Q_1}^n$, on distingue deux cas :

1. $T_{Q_1}^n - \tau_1 \, T_P CR^n$

$$Q_1 - Q_1^n = \int_0^{T_{Q_1}^n - T_1^n} AIR * LCR_2 * x dx$$

$$= \frac{1}{2} * AIR * LCR_2 (T_{Q_1}^n - T_1^n)^2$$

doù ou obtient

$$T_{Q_1}^n = \sqrt{\frac{2(Q_1 - Q_2^n)}{AIR * LCR_2}} + T_1^n \tag{3.21}$$

Ce premier cas est équivalent à $\frac{PCR - LCR_1}{AIR * LCR_2} \geq \sqrt{\frac{2(Q_1 - Q_2^n)}{AIR * LCR_2}}$,comme on peut facilement le vérifier on conbinant léquation (3.20) et (3.21).

2. Dans les autres cas, on a

$$Q_1 - Q_1^n = \int_0^{T_{PCR}^n - T_1^n + \tau_1} AIR * LCR_2 * x dx$$

$$+ (PCR - LCR_1)(T_{Q_1}^n - \tau_1 - T_{PCR}^n)$$

apres substitution de (3.20), on obtient

$$T_{Q_1}^n = \frac{Q_1 - Q_1^n}{PCR - LCR_1} + \frac{PCR - LCR_1}{2 * AIR * LCR_2} + T_1^n \tag{3.22}$$

Puisque le taux d'entrée des cellules à la file deux ne dépasse pas LCR, alors on distingue deux cas :
1. $T_{Q_2} - \tau_2 T_1^n$

$$Q_2 - Q_2^n = \int_0^{T_{Q_2}^n - T_{dn} AIR * LCR_2 * x dx}$$

$$= \frac{1}{2} * AIR * LCR_2 (T_{Q_2}^n - T_2^n)^2$$

on obtient donc

$$T_{Q_2}^n = \sqrt{\frac{2(Q_2 - Q_2^n)}{AIR * LCR_2}} + T_2^n \tag{3.23}$$

formule

Ce cas est équivalent à $\frac{LCR_1 - LCR_2}{AIR * LCR_2} \geq \sqrt{\frac{2(Q_2 - Q_2^n)}{AIR * LCR_2}}$, comme on peut facilement le vérifier en combinant léquation (3.20) et (3.23).
2. dans les autres cas, on obtient

$$Q_2 - Q_2^n = \int_0^{T_1^n n - T_2^n + \tau_1} AIR * LCR_2 * x dx$$

$$+ (LCR_1 - LCR_2)(T_{Q_2}^n - T_1^n - \tau_2)$$

$$= \frac{(LCR_1 - LCR_2)^2}{2 * AIR * LCR_2} + (LCR_1 - LCR_2)(T_{Q_2}^n - T_1^n - \tau_2)$$

après substitution de(3.20), on obtient

$$T_{Q_2}^n = \frac{Q_2 - Q_2^n}{LCR_1 - LCR_2} + \frac{LCR_1 - LCR_2}{2 * AIR * LCR_2} + T_2^n \tag{3.24}$$

La congestion est tout le temps due au second commutateur, si et seulement si$T_{Q_2}^n + \tau_2 T_{Q_1}^n, \forall n$, doù découle léquivalence entre (ii.a) et (ii.b) de la partie (ii) du Théorème 3.3.7. Ceci est obtenu après substitution de léquation (3.20) dans la précédente, et remarquer que $T_{Q_2}^n + \tau_2 - T_{Q_1}^n = A_{2,n} - A_{1,n} + 2\tau_2$.

(ii.b) implique (ii.c) est trivial, puisque la condition doit être satisfaite dans tous les cycles ($\forall n$).

Maintenant, on va prouver que $2\tau_2\, A_{1,0} - A_{2,0} \Rightarrow 2\tau_2\, A_{1,n} - A_{2,n}\ \forall n$.Puisque la congestion est tout le temps due au second commutateur dans le premier cycle,i.e. la file deux atteint son seuil Q_2, pas plus tard que τ_2 avant que la première file atteigne le sein (Q_1). Par conséquent, $Q_1^1 = 0$ (lemme 3.3.1-P2). Il en découle, que $A_{1,1} = A_{1,0}$ et donc $2\tau_2\, A_{1,1} - A_{2,1}$. En conbiuant ceci avec le fait que ,on obtient ce qui signifie que la congestion est due au second commutateur dans le deuxiéme cycle. En répétant ce processus, on obtient (ii.b).

Pour la taille maximale de la file dattente dans chaque commutateur, on considére les deux classes de commutateurs : Les commutateurs bases EFCI et ceux basés ER. Soit $T_p^n = min(T_{PCR}^n, T_{Q_2}^n + \tau_1 + \tau_2)$ et $ACR_{max}^n = ACR(T_p^n)$, on obtient $ACR(T_p^n) = LCR_1 + AIR * LCR_2(T_p^n - T_1^n + \tau_1)$. On suppose également que :

- **(H)** La congestion est toujour due au second commutateur(i.e. $T_{Q_2}^n + \tau_2\, T_{Q_1}^n$) .

3.4.2.1 Commutateurs basés EFCI

La Première cellule RM avec un bit CI à 1, arrive à la source à l'instant $T_{Q_2}^n + \tau_1 + \tau_2$(les cellules en 'amont' sont mises à jour à la détection d'une congestion). A Partir de cet instant, l'évolution de ACR(t) correspond à la seconde phase Par conséquent linstant $ACR(t) = LCR_1(T_{LCR_1^n}$ où respectivement $ACR(t) = LCR_2(T_{LCR_2^n}$ dans le n^{ieme}cycle en décroissant est donné par

$$T_{LCR_1}^n = \frac{RDF}{LCR_2} \log(\frac{ACR_max^n}{LCR_1} + T_{Q_2}^n + \tau_1 + \tau_2 \tag{3.25}$$

respectivement

$$T_{LCR_2}^n = \frac{RDF}{LCR_2} \log(\frac{ACR_max^n}{LCR_2} + T_{Q_2}^n + \tau_1 + \tau_2 \tag{3.26}$$

Puisque la congestion est tout le temps duc au second commutateur **(H)**, alors à partir du lemme 3-3-1-**P2**, on obtient $Q_1^n = 0\ \forall n$ et par conséquent

$$Q_max^{1,n} = \int_{T_1^n - \tau_1}^{T_1^p} (ACR(x) - LCR_1)dx + \int_{T_p^n}^{T_{Q_2}^n + \tau_1 + \tau_2} (PCR - LCR_1)dx$$

$$\int_{T_{Q_2}^n + \tau_1 + \tau_2}^{LCR_1} (ACR(x) - LCR_1)dx$$

$$= \int_0^{T_p^n - T_1^n + \tau_1} (AIR * LCR_2 * x)dx$$

$$+ (PCR - LCR_1)(T_{Q_2}^n + \tau_1 + \tau_2 - T_p^n)$$

$$+ \int_0^{T_{LCR_1}^n - T_{Q_2}^n - \tau_1 - \tau_2} (ACR_{max}^n * e^{-\frac{LCR_2}{RDF}x} - LCR_1)dx$$

finalement,

$$Q_{max}^{1,n} = \frac{AIR * LCR_2}{2}(T_p^n - T_1^n + \tau_1)^2$$

$$+ (PCR - LCR_1)(T_{Q_2}^n + \tau_1 + \tau_2 - T_p^n) \tag{3.27}$$

$$+ \frac{LCR_1 * RDF}{LCR_2}(\frac{LCR_1 * RDF}{LCR_2}(\frac{ACR_{max}^n}{LCR_1} - 1 - \log(\frac{ACR_{max}^n}{LCR_1}))$$

L'équation (3.20) du Théorème 3.3.8 est obtenu en posant $C_2^n = T_p^n - T_1^n + \tau_1$ et $B_2^n = T_{Q_2}^n + \tau_1 + \tau_2 - T_p^n$ qui sont déjà défini dans la section 3.3.1 après substitution des quations (3.23), (3.24) et (3.19). Rappelant que $Q_1^t = Q_{max}^{1,0}$ et $Q_2^t = Q_{max}^{2,0}$

pour les deux classes de commutateurs : les commutateurs basés EFCI et ceux basés ER, la file 2 est un goulot au sens strict si et seulement si

$$Q_{max}^{1,0} = 0 \Leftrightarrow ACR_{max}^n LCR_1$$
$$\Leftrightarrow AIR * LCR_2 * (T_{Q_2}^2 + \tau_1 + \tau_2 - T_1^n + \tau_1) + LCR_1 LCR1$$

A partir de cette inégalité on déduit l'équivalence entre (i.a) et (i.b) du Théorème 3.3.8-i. Ceci est obtenu (i) en notant que $A_{2,n}$, défini dans la section 3.3.1, satisfait $A_{2,n} = T_{Q_2}^n - T_1^n - \tau_2$, et (ii) en utilisant les équations (3.19), (3.23) et (3.24).

Il reste à montrer que (i.c) implique (i.b) (limplication inverse est évidente). Ceci vient du fait que $2(\tau_1 + \tau_2 - A_{2,n} \Rightarrow 2(\tau_1 + \tau_2 - A_{2,0}$ et dautre part on a $A_2^n\ A_{2,0}\ \forall n$ a ce qui implique que $2(\tau_1 + \tau_2) - A_{2,0} - A\{2, n$. La file 2 est un goulot essentiel si et seulement si $Q_{max}^{1,n} \prec Q_1$. Soit $z_n = 2(\tau_1 + \tau_2) + A_{2,n}\ 0$, en utilisant léquation (3.24) et puisque $ACR_{max}^n\ ACR(z_n)$ et $C_{2,n}\ z_n$ alors on obtient

$$Q_{max}^{1,n} = \frac{AIR * LCR_2}{2} z_n^2 + \frac{RDF}{LCR_2}(ACR(z_n) - LCR_1)$$
$$- \frac{LCR_1 * RDF}{LCR_2} \log(\frac{ACR(z_n)}{LCR_1})$$
$$\frac{AIR * LCR_2}{2} z_n^2 + AIR * RDF * z_n$$
$$- \frac{LCR_1 * RDF}{LCR_2} \log(1 + \frac{AIR * LCR_2}{LCR_1}) z_n)$$

Dautre part, on a

$$\log(1 + \frac{AIR * LCR_2}{LCR_1} z_n) \geq \frac{AIR * LCR_2}{LCR_1} z_n - \frac{1}{2}(\frac{AIR * LCR_2}{LCR_1})^2$$

d'où la partie (ii) et linégalité (3.5) du Théorème 3.3.8, puisque $A_{2,n}\ A_{2,0}$.

Pour calculer $Q_{max}^{2,n}$, on doit calculer tous d'abord $T_0^{1,n}$, l'instant où la file 1 devient vide dans n^{ieme} cylcle. Ainsi on a

$$Q_0^{1,n} - Q_{max}^{1,n} = \int_{T_{LCR_1}^n}^{T_0^{1,n} - \tau_1} (ACR(x) - LCR_1) dx$$
$$= \int_0^{T_0^{1,n} - \tau_1} (LCR_1 * e^{-\frac{LCR_2}{RDF} x} - LCR_1) dx$$

soit $y = T_0^{1,n} - \tau_1 - T_{LCR_1}^n$, y est donc la solution de l'équation suivante :

$$Q_{max}^{1,n} + \frac{LCR_1 * RDF}{LCR_2} = LCR_1 * y + \frac{LCR_1 * RDF}{LCR_2} e^{-\frac{LCR_2}{RDF} y} \qquad (3.28)$$

Soit aussi, $T_M = max(T_0^{1,n} - \tau_1, T_{LCR_1}^n)$, $Q_{max}^{2,n}$ est donc donnée par

$$Q_{max}^{2,n} = Q_2^n + \int_{T_2^n - \tau_1 - \tau_2}^{T_1^n - \tau_1} (ACR(x) - LCR_2) dx$$
$$+ \int_{T_1^n - \tau_1}^{T_0^{1,n} - \tau_1} (LCR_1 - LCR_2) dx$$
$$+ \int_{T_0^{1,n} - \tau_1}^{T_M - \tau_1} (ACR(x) - LCR_2) dx$$
$$= Q_2^n + \frac{(LCR_1 - LCR_2)^2}{2 * AIR * LCR_2} + (LCR_1 - LCR_2)(T_0^{1,n} - T_1^n)$$
$$+ \frac{RDF}{LCR_2} ACR(T_0^{1,n} - \tau_1)(1 - e^{\frac{LCR_2}{RDF}(T_M - T_0^{1,n} + \tau_1)})$$
$$- LCR_2(T_M - T_0^{1,n} + \tau_1$$

après l'introduction de $T_{LCR_1}^n$, on obtient

$$Q_{max}^{2,n} = Q_2^n + \frac{(LCR_1 - LCR_2)^2}{2*AIR*LCR_2} + (LCR_1 - LCR_2)(T_{LCR_1}^n + \tau_1 - T_1^n)$$
$$- \frac{RDF*LCR_1}{LCR_2} + LCR_1(T_0^{1,n} - \tau_1 - T_{LCR_1}^n)$$
$$+ \frac{RDF*LCR_1}{LCR_2} e^{-\frac{LCR_2}{RDF}(T_0^{1,n} - \tau_1 - T_{LCR_1}^n)} + \frac{RDF*LCR_1}{LCR_2}$$
$$- LCR_1(T_M - T_{LCR_1}^n) - \frac{RDF*LCR_1}{LCR_2} e^{-\frac{LCR_2}{RDF}(T_m - T_{LCR_1}^n)} \tag{3.29}$$

Puisque la quantité de la dérniére ligne de l'équation(3.27) admet son maximum pour $T_M = T_{LCR_2}^n$, alors aprés substitution de (3.26), on obtient

$$Q_{max}^{2,n} = Q_2^n + Q_{max}^{1,n} - LCR_2(T_{LCR_2}^n - T_{LCR_1}^n)$$
$$+ \frac{(LCR_1 - LCR_2)^2}{2*AIR*LCR_2} + (LCR_1 - LCR_2)(T_{LCR_2}^n - T_{LCR_1}^n)$$
$$+ \frac{RDF*LCR_1}{LCR_2}(1 - e^{-\frac{LCR_2}{RDF}(T_{LCR_2}^n - T_{LCR_1}^n)})$$

A partir de cette inégalité on obtient l'inégalité(3.6) du Théoréme 3.3.8, aprés substitution de $A_{2,n}$ et $T_{LCR_1}^n$. Ensuite l'équation(3.26) implique $T_{LCR_2}^n \geq T_0^{1,n} - \tau_1 \Leftrightarrow Q_{max}^{1,n}$ 0, d'ici et par conséquent

$$Q_{max}^{2,n} = Q_2^n + \frac{(LCR_1 - LCR_2)^2}{2*AIR*LCR_2} + (LCR_1 - LCR_2)(T_0^{1,n} - T_1^n)$$
$$= Q_2^n + \frac{(LCR_1 - LCR_2)^2}{2*AIR*LCR_2} + (LCR_1 - LCR_2)(T_0^{1,n} - \tau_1 - T_{LCR_1}^n)$$
$$+ (T_{LCR_1}^n + \tau_1 - T_1^n) \tag{3.30}$$
$$= Q_2^n + \frac{(LCR_1 - LCR_2)^2}{2*AIR*LCR_2} + (LCR_1 - LCR_2)(T_{LCR_1}^n + \tau_1 - T_1^n)$$
$$+ \frac{RDF*LCR_1}{LCR_2}(Q_{max}^{1,n} + \int_{T_{LCR_1}}^T {}_0^{1,n} ACR(x)dx)$$

A partir de cette équation on déduit l'approximation (3.3), aprés substitution de $A_{2,n}$ et de T_{LCR_1} et en supposant que,

$$\int_0^{T_0^{1,n} - \tau_1 - T_{LCR_1}^n} LCR_1 e^{-\frac{LCR_2}{RDF}} dx = \int_0^{T_{LCR_2}^n - T_{LCR_1}^n} LCR_1 e^{-\frac{LCR_2}{RDF}} dx \tag{3.31}$$

l'instant où la taille de la file 2 atteint son seuil Q_2 en décroissant $T_{Q_{2'}}^n$ est la solution de l'équation suivante :

$$Q_2 = Q_{max}^{2,n} + \int_0^{T_{Q_{2'}} - \tau_2 - T_0^{1,n}} (ACR(T_0^{1,n} - \tau_1)e^{-\frac{LCR_2}{RDF}x} - LCR_2)dx \tag{3.32}$$

Et le nombre de cellules restant dans la seconde file d'attent à la fin du n^{ieme} cycle, est donné par :

$$Q_2^{n+1} = Q_2 + \int_{T_{Q_2'}^n - \tau_1 - \tau_2}^{T_{Q_2'}^n - \tau_3} (ACR(x) - LCR_2)dx$$
$$+ \int_{T_{Q_2'}^n - \tau_3}^{T^{n+1} - \tau_1 - \tau_2} (ACR(x) - LCR_2)dx \tag{3.33}$$
$$= Q_2 + ACR(T_{Q_2'}^n - \tau_1 - \tau_2)\frac{RDF}{LCR_2}(1 - e^{-\frac{LCR_2}{RDF}\tau}) - LCR_2*\tau$$
$$- \frac{(LCR_2 - ACR(T_{Q_2'} - \tau_1 - \tau_2)e^{-\frac{LCR_2}{RDF}\tau})^2}{2*AIR*LCR_2}$$

Les inégalités (3.4) du Théoréme 3.3.8 sont dérivées de l'équation précéente, en utilisant le fait que 0 $ACR(T_{Q_2'} - \tau_1 - \tau_2)$ LCR_2.

32

3.4.2.2 Commutateurs basés ER

Pour les commutateurs basés ER, une fois la congestion est détectée l'équation (3.1) prend place (pour l'évolution de l'ACR).ACR(t) est réduit à $ER_2 \prec LCR_2$. La taille maximale de la file 1 est atteinte τ_1 unité du temps aprés l'arrivée, à la source, d'une cellule RM avec un bit CI mis à la valeur 1. On a, alors

$$
\begin{aligned}
Q_{max}^{1,n} &= \int_{T_1^n - \tau_1}^{T_p^n} (ACR(x) - LCR_1)dx \\
&\quad + \int_{T_p^n}^{T_{Q_2}^n + \tau_1 + \tau_2} (PCR - LCR_1)dx \\
&= \int_0^{T_p^n - T_1^n + \tau_1} (AIR * LCR_1)dx \\
&\quad + (PCR - LCR_1)(T_{Q_2}^n + \tau_1 + \tau_2 - T_p^n) \\
&= \frac{AIR * LCR_2}{2}(T_{p^n - T_1^n + \tau_1})^2 \\
&\quad + (PCR - LCR_1)(T_{Q_2}^n + \tau_1 + \tau_2 - T_p^n)
\end{aligned}
\tag{3.34}
$$

De cette équation découle l'équation (3.6) du Théoréme 3.3.8, aprés substitution $C_{2,n}$ et $B_{2,n}$ déja définis. La file 2 est le goulot essentiel si et seulement si$Q_{max}^{1,n} \prec Q_1$. A partir de l'équation (3.31), puisque ACR_{max}^n $ACR(z_n)$ et $C_{2,n}z_nz_0$ on obtient

$$
Q_{max}^{1,n} = \frac{AIR * LCR_2}{2}(T_{Q_2}^n + \tau_1 + \tau_2 - T_1^n + \tau_1)^2 = \frac{AIR * LCR_2}{2}z_n^2
\tag{3.35}
$$

donc la condition suffisante pour que $Q_{max}^{1,n} \prec Q_1 \forall n$ est

$$
Q_{max}^{1,n} = \frac{AIR * LCR_2}{2}z_0^2 = \frac{AIR * LCR_2}{2}(2(\tau_1 + \tau_2) + A_{2,0})^2 \prec Q_1
\tag{3.36}
$$

A partir de laquelle on obtient (iv) et l'inégalité (3.10) du Théoréme 3.3.8.

Pour la taille maximale de la file 2, on a besoin de calculer l'instant $T_0^{1,n}$ où la file 1 devient vide. On a

$$
Q_1(T_0^{1,n} - Q_{max}^{1,n} = \int_{T_{Q_2}^n + \tau_1 + \tau_2}^{T_0^{1,n} - \tau_1} (ER_2 - LCR_1)dx
$$

$$
= (ER_2 - LCR_2)(T_0^{1,n} - T_{Q_2}^{1,n} - 2\tau_1 - \tau_2)
$$

On obtient, donc

$$
T_0^{1,n} = \frac{Q_{max}^{1,n}}{LCR_1 - ER_2} + T_{Q_2}^n + 2\tau_1 + \tau_1
\tag{3.37}
$$

Puisque $ACR(T_0^{1,n} - \tau_1) = ER_2 \prec LCR_2$, alors $Q_{max}^{2,n}$ est donnés par

$$
\begin{aligned}
\text{-}Q_2^n &= \int_0^{T_1^n - T_2^n + \tau_2} (AIR * LCR_2)dx \\
&+ \int_{T_p^n - \tau_1}^{(T_0^{1,n} + \tau_2) - \tau_2 - \tau_1} (LCR_1 - LCR_2)dx \\
&= \frac{AIR * LCR_2}{2}(T_1^n - T_2^n + \tau_2)^2 \\
&+ (LCR_1 - LCR_2)(T_0\{1, n - T_1^n)
\end{aligned}
$$

Finalement, on obtient aprés substitution de (3.19) et (3.32)

$$
\begin{aligned}
\text{-}Q_2^n &= (LCR_1 - LCR_2)(\frac{Q_{max}^{1,n}}{LCR_1 - LCR_2} + T_{Q_2}^n + 2\tau_1 + \tau_2 - T_1^n) \\
&+ \frac{(LCR_1 - LCR_2)^2}{2 * AIR * LCR_2}
\end{aligned}
\tag{3.38}
$$

A partir de laquelle on obtient. (3.8) du théorème 3.3.8, après substitution de $A_{2,n}$.

Dans le cas des commutateurs basés ER, $Q_2^{n+1} = Q_2^n \ \forall n \geq 1$; comme on peut le constater ci-dessous, ceci est due au fait que ACR(t)(= ER2) est constant, une fois la congestion est détectée. Q_2^n alors ne dépend pas de la taille maximale de la file durant le cycle, mais uniquement du seuil. Quand la taille de la file 2 est au dessus de son seuil Q_2, la source est informée τ_3 unité du temps après, en recevant une cellule RM avec un bit CI mis à zéro, et commence à croître son débit ACRt)) selon la première équation de la phase l. Par conséquent, le temps séparant linstant où la taille de la file 2 est au dessous de son seuil Q_2 jusquà linstant, où cette file commence à se construire de nouveau, est donné par

$$T_2^{n+1} - T_{Q_2'}^n = \tau + \frac{LCR_2 - ER_2}{AIR * LCR_2} (voir eq.(3.17))$$

On a donc

$$Q_2^{n+1} = Q_2 + (ER_2 - LCR_2)\tau$$
$$+ \int_0^{\frac{LCR_2 - ER_2}{AIR * LCR_2}} ((ER_2 - LCR_2) + AIR * LCR_2 * x) dx \tag{3.39}$$

D'où (3.27) du Théoréme 3.3.8.

3.4.3 Analyse de la phase stationnaire

Les conclusion quon a obtenu pour lanalyse transitoire sont valables pour $Q_i^n = 0 (i = 1,2)$, cependant les formules quon a développé sont valables pour nimporte quelles tailles initiales des files dattente, en particulier, celles obtenues dans létat, stationnaire. (Un régime périodique est, en effet, obtenu pour les commutateurs basés puisque le reste des cellules à la fin dun cycle est constant. Pour les commutateurs basés EFCI, on a observé un comportement périodique dans toutes les simulations).

Dans ce qui suit, on ne va pas supposer lexistence du comportement périodique. Pour les commutateurs basés EFCI, on utilisera les formules développées pour létat transitoire, dans le but de calculer des bornes sur les tailles maximales des files dattente. On obtient, ci-après une borne asymptotique Q_i^s pour la taille maximale de la file i en utilisant réquation (3.25) et (3.28), dans losquelles on substitue Q_2^n par une borne asymptotique inférieure de Q_2^n :

$$Q_2^\infty = \lim_{n \to \infty} (Q_2^n) \tag{3.40}$$

Et en prenant $Q_1^n = 0$. Le fait que la borne inférieure pour Q_1^n engendre une borne supérieure de la taille de la file 1, découle du théorème 3.3.5 et de la remarque 3.3.6. De façon similaire, on peut obtenir des bornes asymptotiques inférieures, sur les tailles maximales des files, en substitution dans (3.25) et (3.28) une borne asymptotique supérieure de Q_2^n

3.4.3.1 Commutateurs basés EFCI

De léquation (3.30), on a

$$Q_2^\infty = \lim_{n \to \infty} (Q_2 + ACR(T_{Q_2'}^n - \tau_1 - \tau_2) \frac{RDF}{LCR_2} (1 - e^{-\frac{LCR_2}{RDF}\tau})$$
$$- LCR_2 * \tau - \frac{(LCR_2 - ACR(T_{Q_2'}^n - \tau_1 - \tau_2) e^{-\frac{LCR_2}{RDF}\tau})^2}{2 * AIR * LCR_2} \tag{3.41}$$

Puisque

$$\lim_{n \to \infty} ACR(T_{Q_2'}^n - \tau_1 - \tau_2) = \lim_{n \to \infty} LCR_2 e^{-\frac{LCR_2}{RDF}(T_{LCR_2}^n - T_{Q_2'}^n - \tau_1 - \tau_2)} = 0 \tag{3.42}$$

et puisque Q_2^∞, on obtient léquation (3.12) de léquation (3.25) et léquation (3.13) de l'équation(3.28) en substituant l'approximation (3.3). La preuve du Théorème 3.3.9-(i) est établie.

34

3.4.3.2 Commutateurs basés ER

Pour les commutateurs basés ER, on a $Q_2^n = Q_2^{n+1}$ $\forall n \geq 1$. Le régime statitionnaire est alors atteint juste aprés le premier cycle. Par conséquent, puisque $Q_2^\infty 0$ de l'équation (3.34) nous obtenons

$$Q_2^\infty = \lim_{n \to \infty} (Q_2^n) = (Q_2 - (LCR_2 - ER_2)(\tau + \frac{LCR_2 - ER_2}{AIR * LCR_2}))^+ \tag{3.43}$$

La preuve du Théoréme 3.3.9-(ii) est déduite aprés substitution de dans les équations (3.31) et (3.33).

Chapitre 4

Résultat numérique et simulations

Dans ce chapitre, quelques exemples numériques sont présentés afin de valider les hypothèses considérés dans le modèle analytique par des simulations. Les simulations faites sont obtenus à laide du simulateur REAL qui a été modifié, à lINRIA Sophia-Antipolis (France), en introduisant dautres modules pour supporter le trafic ABR dans les réseaux ATM. Dans ces simulations nous avons considéré quune source ABR a la capacité de transmettre des cellules lune apés lautre (comme si chaque cellule est un paquet, en soi). Les résultats obtenus pour notre modèle avec deux commutateurs ATM, sont comparés avec ceux du modèle simple avec un seul commutateur ATM (exactement les mêmes paramètres que dans notre modèle avec le premier commutateur limin). Seule la phase transitoire est considérée (premier cycle), puisque les tailles maximales des files dattente qui nous permettent de navoir aucune perte sont obtenues durant cette phase (voir Théorème 3.3.5). Nous calculons les tailles des deux files (Q_1^t et Q_2^t) dans chaque commutateur en fonction de $2(\tau_1 + \tau_2)$.

Comme nous lavons vu précédemment (Théorème 3.3.8), les tailles maximales des files dattente dans les commutateurs durant le premier cycle ne sont pas en fonction du délai daller retour (τ). Ceci au dû au fait que les commutateurs ont la capacité daltérer le contenu des cellules en amont (i.e. quand la congestion est détectée, les cellules RM en amont sont aussi mises à jour). Cependant, à létat, stationnaire, la taille maximale de la file 2 est fonction de $^t au$ et de $2(\tau_1 + \tau_2)$, puisque la file 2 peut ne être vide à la fin dun cycle (Q_2^n, voir les équations (3.12), (3.13) et(3.15),(3.16)).

Remarque 4.0.1 Le temps entre deux cellules RM est négligé dans ce travail. Cela, è un effet dans le calcul des bornes sur les files dattentes, par conséquent, dans ce qui suit nous avons pris en compte ce temps (borne supérieure) ; ainsi, la quantité $(N_{rm} - 1)/LCR_2$ est ajoutée à $A_{2,0}$ quand le calcul sur les bornes des files dattente ($ana - q_1$ et $ana - q_2$ dans les figures ci-dessous) est fait. Ceci est justifié par le fait que, quand la congestion est détecté par le premier respectivement par le second commutateur, l'infonnation de congestion arrive à la source au plus tard $\tau_1 + (N_{rm} - 1)/LCR_2$ respectivement $\tau_1 + \tau_2 + (N_{rm})/LCR_2$ après.

Dans toutes les simulations qui suivant, nous considérons les paramètres suivants : $PCR = 134.78\ Mbps, MCR = 0.0\ Mbps, AIR = 250$ cellules, RDF=512 et ERF=0.8.

Dans le premier exemple, nous considérons $LCR_1 = 40.435791$ Mbps, $LCR_2 = 4.043$ Mbps et $Q_1 = Q_2$=500 cellules/sec. A partir des Théorème 3.3.7 et Théorème 3.3.8 nous obtenons les résultats suivants :

Pour les commutateurs basés EPCI aussi bien pour ceux basés ER, la file deux commence à se remplir (se construite) avant, la file 1 si est seulement si τ_2 0.036 sec et la cogestion est tout le temps due au second commutateur si et seulement si τ_2 0.0128 sec. La file 2 est un goulot au sens strict, si est seulement si $2(\tau_1 + \tau_2)$ -0.037556 sec, ce qui veut dire que la file 2 ne peut pas être un goulot au sens strict.Ce pendant, elle est le goulot essentiel pour le commutateur basé EFCI respectivement pour le commutateur basé ER si $\tau_1 + \tau_2$ ¡ 0.002165 respectivement si $\tau_1 + \tau_2$ ¡ 0.012845.

La figure 4.1 montre les tailles maximales des files dattente, dans les deux commutateurs ATM (Q_1^t et Q_2^t), obtenues analytiquement(ana q_l et ana q_2) et ceux obtenues par simulation (sim q_1 et sim q_2) comme fonctions de $2(\tau_1 + \tau_2)$ pour les deux classes de commutateurs. Les résultats obtenus par simulation pour le modèle simplifié, avec un seul commutateur AFM, (single dans toutes les figures) sont aussi montrés dans la figure 4.1. Dans cet exemple, seulement la quantité $\tau_1 + \tau_2$ varie et comme valeurs initiales nous avons considéré $\tau_1 = 0.263$ ms et $\tau_2 = 0.35$ ms. Chaque fois, la même valeur est ajoutée à la fois à $\tau_1 + \tau_2$. Notons que, nous obtenons les même résultats si nous faisons varier uniquement ou $\tau_1 ou \tau_2$.

La différence entre les tailles maximales des files dattente entre le modèle simplifié et notre modèle avec deux commutateurs est de lordre du seuil de congestion $Q_1 = 5000$, ce qui est relativement grand quand on considère des tailles de files dattente de 18000 cellules. Ceci est illustrer dans la figure 4.2 (diff - 5000), où la différence entre la faille maximale de la file dattente au niveau du second commutateur et du modèle simplifié avec un seul commutateur) est donnée en fonction du délai daller retour $2(\tau_1 ou \tau_2)$. Deux valeurs différentes au niveau du premier commutateur sont considérées (5000 et 15000) ($Q_2 = 5000$ cellules dans tous les exemples de ce chapitre). La taille maximale obtenue dans le modèle simplifié est montrée aussi sur la figure 4.2 (single).

A partir des formules du section 3.3, on peut constater que Q_2^t augmente linéairement en fonction de la taille $Q_1^t.Q_1^t$ et en particulier fonction de LCR_1, plus LCR_1 est proche de LCR_1 ; plus la taille de la file dattente au niveau du premier commutateur devient grande. Par conséquent, en diminuant LCR_1, on peut obtenir des cas où la taille de la file d'attente dans le second commutateur est plus large que celle qu'on obtient dans un modèle avec un seul commutateur (modèle simplifié), pendant que LCR_2 est le même pour les deux modèles. Ainsi une valeur adéquate doit être choisie pour les satisfaire quand LCR_1 est diminué. En fait, nous souhaiterons avoir les même propriétés que pour $LCR_1 = 40.43$ Mbps, et montrer comment la diminution de LCR_1 et laugmentation de Q_1 affectent, la taille maximale de la file dattente au niveau du second commutateur. Notons également que de larges tailles de file dattente au second commutateur sont obtenues quand la congestion est tout le temps due à celui ci.

Comme illustration, considérons lexemple précédent avec $LCR_1 = 26.957194$ Mbp Notre but est de déterminer Q_1 tel que la congestion est tout le temps due au second commutateur si et seulement si τ_2 0.0128 sec. Nous avaons

$$\frac{LCR_1 - LCR_2}{AIR * LCR_2} = 0.0226 \frac{2Q_2}{AIR * LCR_2} = 0.0632 \tag{4.1}$$
$$\Rightarrow A_{2,0} = 0.07693 sec$$

Supposons que

$$\frac{LCR_1 - LCR_2}{AIR * LCR_2} \frac{2Q_2}{AIR * LCR_2} = 0.0632 \tag{4.2}$$

Donc

$$Q_1 15308.88 et A_{2,0} = \frac{1}{50005} \sqrt{Q_1} \tag{4.3}$$

Du théoréme 3.3.7, la congestion est tout le temps due au second commutateur si et seulement si

$$0.0296 \frac{1}{50005} \sqrt{Q_1} - 0.07693 \tag{4.4}$$

c'est à dire Q_1
$geq 14185.801$

La figure 4.2 montre la différence dans les tailles des files dattentes entre notre modèle avec deux commutateurs et le modèle simplifié qui consiste en un seul commutateur (diff - 5000, diff - 15000). La différence dans les tailles est encore plus grande pour le second cas (diff 15000) quand $Q_1 = 15000 cellules et LCR_1 = 26.957194 Mbps$ sont considérés. Dans certains cas, spécialement, pour les commutateurs basés ER, elle est égale à la taille maximale obtenue dans le modèle simplifié (c'est, à dire que la taille maximale de la file dattente au niveau du second commutateur dans notre modèle est deux fois plus grande que la taille maximale dans le modèle avec un seul commutateur).

La décroissance dans la différence quon peut constater dans la figure 4.2 (diff 15000) après linstant $2(\tau_1 + \tau_2)$ est due au fait que l'ACR atteint PCR dans le modèle avec deux commutateurs pendant quil ne latteint, pas dans le modèle avec un seul commutateur.

Les résultats numériques présentés dans ce chapitre concernent seulement la phase transitoire, cependant la même analyse peut être faite pour la phase stationnaire et les mêmes résultats qualitatifs (les tailles des files dattente, dans ce cas, sont plus petites dans ces deux modèles) peuvent être obtenus.

Généralement, une fraction de la capacité maximale des files dattente est recommandée pour les seuils de congestion. La situation où les commutateurs ont des seuils différents peut, être courante en pratique. Ceci implique en particulier, la situation génerale quon a étudiée, avec des seuils différents dans des commutateurs différents.

Comme montré dans lexemple précédent, il est possible de choisir des paramètres $Q_1, Q_2, \tau, LCR_1 et LCR_2$, tels que la taille maximale de la file dattente au second commutateur soit deux fois, voir méme plus, la taille maximale de la file dattente dans le cas du modèle simple avec un seul commutateur. Par conséquent, le modèle qui consiste à simplifier le réseau en un seul commutateur ne permet pas de déterminer les vraies bornes pour les tailles maximales des files dattente au niveau des commutateurs. Ces tailles maximales dépendent en définitive du nombre de commutateurs traversés par la connexion.

Ceci implique que les capacités des files dattente requises par des connexions traversant plusieurs commutateurs peuvent être extrêmement larges. Cest un inconvénient majeur de l'indication de congestion, par le bit unique, révélé par notre analyse.

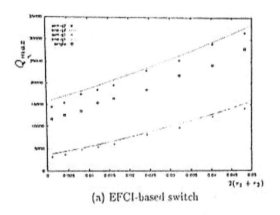

(a) EFCI-based switch

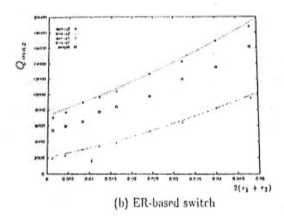

(b) ER-based switch

FIGURE 4.1 – Tailles des files d'attente en fonction du délai d'aller retour

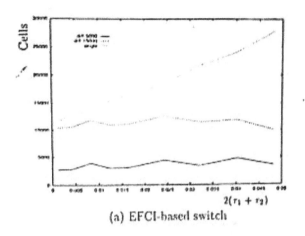

(a) EFCI-based switch

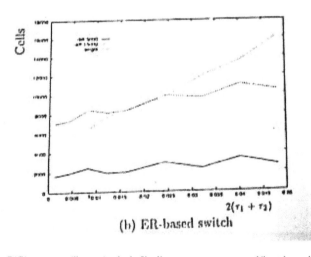

(b) ER-based switch

FIGURE 4.2 – Différence en taille maximale de file d'attente entre notre modéle et le modéle simplifié

Conclusion

Dans cette thèse , nous avons abordé les mécanismes de contrôle de flux ABR dans les réseaux AIM. Deux classes de commutateurs ATM ont été utilisées (les commutateurs bases EPCI et ceux basés ER) pour évaluer les performances de service ABR dans l'ATM. En nous basant sur des approximations fluides, nous avons pu analyser un modèle de réseau plus élargi avec deux commutateurs ATM en tandem que nous avons ensuite comparé avec le modèle simple à un seul commutateur ATM.

Dans notre modèle, les tailles maximales des files dattentes obtenues pour les commutateurs basés ER peuvent être plus large que celles obtenues pour les commutateurs basés EFCI. La dynamique des files dattente est plus complexe que dans le cas du modèle avec un seul nud. Ceci est du au fait que la notion du congestion diffère dun commutateur à un autre, selon le seuil de congestion de chacun et de son architecture. Un comportement non intuitif a été constaté, dans lequel la congestion a lieu dans le commutateur le plus rapide (premier commutateur).

Notre modèle a été choisi tel que le premier commutateur soit plus rapide que le second. Dans le cas contraire, le lien le plus rapide peut être ignoré : il aura un débit dentrée plus petit que le débit de sortie, et sera par conséquent toujours vide. Dans le cas considéré les points suivant peuvent avoir lieu :

- La première file dattente (nud le plus rapide) peut commencer à se remplir avant la deuxième file dattente (nud le plus lent) (Théorème 3.3.7-(i)).
- Quand lempilement des cellules se fait dans les deux files dattente, le débit auquel la taille de la première file dattenle augmente peut être plus grand que celui auquel la deuxieme file dattente augmente. La raison est que le débit de transmission peut augmenter rapidement à lentrée du premier commutateur (commutateur rapide), pendant que le débit dentrée dans le second commutateur (commutateur lent) peut être considérablement petit du moment, que ce débit d entrée est généré par le débit de sortie du premier commutateur. Le débit dentrée dans le second commutateur est alors borné par le débit de sortie du premier commutateur, cependant que le débit dentrée dans le premier commutateur (commutateur rapide) peut seulement, être borné par le mécanisme de contrôle lui même. Doù la nécessité davoir le premier commutateur assez grand. Ainsi, on assiste à un phénomène où le premier commutateur protège le second.

Un autre phénomène important constaté concerne la congestion dans le second commutateur. Celle ci peut prendre fin longtemps après que la source reçoive des indications de congestion. En fait, la taille de la file dattente dans le second commutateur continue daugmenter après que la file dattente du premier commutateur devienne vide (voir figure 3.2 et lemrne 3.3.1-P2). Ce phénomène nest, pas constaté dans le modèle de réseau avec un seul commutateur ATM.

En utilisant des approximations fluides, nous avons évalué les performances du protocole TCP/IP dans le réseau Internet. [21] et ceux du service ARR dans le réseau ATM [5]. Un problème qui a déjà fuit, lobjet, de plusieurs études et qui nécessite encore plus de réflexion est l'évaluation de performances du protocole TCP sur les réseaux ATM. Plus précisément, étudier le comportement, dune connexion TCP sur le service ABR dans lATM.

Annexe A

Simulation REAL

A.1 Motivation

La croissance et l'extension géographique des réseaux informatiques, ainsi que la complexité inhérente a leurs protocoles, rendent lanalyse de tels systèmes assez compliquée. Les comportements dynamiques, rencontrés souvent dans les réseaux informatiques, sont difficilement modélisés par des techniques danalyse, telles que les méthodes basées sur les modelés de files d attente. Alors quavec les simulations, on peut simuler tous les détails des protocoles actuels. Malgré l'énorme effort impliqué dans le développement des simulateurs et les coûts élevés des machines sur lesquelles ces simulateurs sont exécutes, cette approche reste la plus attractive.

Dans ce qui suit, nous décrivons brièvement. REAL [31] qui est un simulateur de réseaux informatiques à base de protocole TCP. Nous lavons utilisé, après lavoir modifié à l'INRIA Sophia-Antipolis dans le but de supporter le trafic ABR dans les réseaux ATM, pour faire nos simulations.

A.2 Simulateur REAL

Le simulateur REAL consiste en deux parties essentielles : le simulateur et la description de la topologie du réseau à simuler. Les deux parties communiquent l'une avec lautre via une paire de sockct. Le simulateur est informé de ce qui va être simulé en utilisant un langage spécial appelé Netlanguage (Langage des réseaux). Le simulateur commune donc a faite tourner la simulation qui peut être contrôlée par lécran daffichage. Le simulateur est sensé simuler un scénario qui est une description dune topologie, des Protocoles et dos paramètres de contrôle dun réseau. Un réseau est représenté par un ensemble de sources, de destinations de données et de routeurs. Pour chaque nud (source, destination ou routeur), on spécifie plusieurs paramètres. Ainsi, on doit spécifier la capacité de traitement de chaque ligne de communication liant deux nuds, la taille des buffers, celle des paquets de données etc.

Les sources sont classées suivant la version TCP qu'elles utilisent. Il existe trois sources FTP et Telnet : generic, DEC, et JK. Seules Les sources de type JK utilisent la version TCP décrite par Van Jacobson [23].

Les routeurs accomplissent, deux fonctions : le routage et lordonnancement. Plusieurs algorithmes dordonnancement sont implantés dans le simulateur REAL.

Pour les destinations, elles écartent les paquets reçus des sources et envoient des acquittements pour chaque paquet reçu.

On signale aussi que le comportement des sources ABR, des destinations ABR et des commutateurs ATM sont implantés dans le simulateur REAL pour quil supporte le trafic ABR dans les réseaux ATM.

REAL est donc écrit comme un ensemble de fonctions codées en C dont une fonction décrit un type de nud.

A.3 Exemple de fichier Netlanguage

Netlanguage est un langage utilisé pour décrire des scénarios de simulation. Le langage est simple à comprendre. Il sert à sauvegarder des scénarios dans des fichiers Netlanguage quon peut, modifier chaque fois quon le désire. En plus on lutilise pour faire tourner les simulations.
header

network : tests ;
version : 1 ;

nest-params
passtime = 1,0 ;
maxnodes = 30 ;
monitor =custom-monitor ;

real-params
iulor-pkt-dolay = 0.1 ;
nek-size 40 ;
random-seed = 0 ;
buffer-size = 10 ;
lelnet-pkt-size = 57G ;
ftp-pkt-size = 57G ;
ftp-window = 64
cell-size = 53 ;
telnet-window = 32 ;
decongestion-mechanism = 1 ;
sch-policy = 1 ;
router-node = 0 ;
real-number = 0 ;
Pulse-size - 4.021 ;

end-simulation = 150 ;
print-intererval = 1 ;
bucket-size = 0.25 ;

node-functions
jk-ftP
jk-Mtfp ;
jk-telnet ;
jk-pulse ;
ABR-Source ;
jk-rate ;
dec-ftp-sourcc ;
dec-telnet-source ;
dec-pulse ;
decrate ;
vanilla-ftp-sourcc ;
vanilla-telnet,-source ;
vanilla-pulse ;
malicious-ftp-source ;
malicious-pulse ;
netblt ;
background ;
controlled-rate ;
random-rate ;
poisson ; EFCI-Switch ;
ER-Switch ;
router ;
dec-router ;
hrr-router ;
fq-router ;
fqbit-router ;

```
    fcfs-router;
ABR-Destination;
sink;
gsink;
onoff1;
onoff2;
onoff3;
onoff4;
onoff5;
onoff6;
onoffnc;
onoff2nc;

nodes default function = jk-ftp;
dest= 3;
start-time = 0,0;
plot = true;
num-cell = 32;
num-pkts=10;
on-time=1000;
off-time=5000;
peak=1000.0;
average= 1200.0;
interval=2000;
jitter=2000000;

    node 1 fonction = ABR-Source;
node 2 fonction = EFCI-Switch;
node 3 function = EFCI-Switch;
node 4function = ABR-Destination;

edges

    default
bandwidth = 1336320;
latency = 80000;


    1 → 2; latency = 80000;
  2 → 3; bandwidth = 737280;
  4 → 2; bandwidth = 138240;
```

Une description Netlangnage consiste en un nombre de blocs. Chaque bloc décrit une partie du réseau (scénario) à simuler. Les blocs sont déclarés dans l'ordre suivant : header, nest-params, real-params, node-functions, nodes, edges.

- **header** : ce bloc permet didentifier la simulation en cours.
- **nest params** : en general, les champs de ce bloc restent inchangés. Par exemple le champ nmxnodes désigne le nombre maximal de nuds représentés dans le scénario à simuler. Un nud peut être une source, un routeur ou une destination.
- **leal-params** : ce bloc décrit tous les paramètres du simulateur REAL. A titre d exemple les tailles de différents paquets (les paquets FTP, Telnet, etc...).
- **node-functions** : ce bloc déclare les différents types de nuds que le simulateur peut utiliser.
- nodes : décrit les nuds utlisés dans la simulation. Ce bloc comporte en plus une délaration par défaut. Le nombre qui suit le mot clé node est lidentificateur du nud node. Le champ fonction désigne le nom du programme C décrivant cette fonction.
- **edges** : ce bloc présente aussi une déclaration par défaut.
  Le champ Latency désigne le délai de propagation dun nud à un autre, il est exprimé on microseconde. Alors que le champ Bandwidth signifie la capacité de transmission dune ligne, il est exprimé en bits/s.

Références

[1] The ATM Forum Tochnical Commitee,Trafic Management Spécification, Version-4.0,95-0013RS, April 1996.

[2] R. Aera, Modèle, de Transport de Données sur ATM Cisco Systems, Europe.

[3] O. Ait-Hellal, Contrôle de Flux dans les Réseaux à Haut Débit', Thèse de Doctorat., Université de Nice Sophia-Antipolis, Novembre 1998.

[4] 0. Ait-Hllal, E. Altman, Evaluation of TCP Vegas : Analytic model and comparison to TCP Reno, JDIR 96 (Journées Doctorales Informatique Réseaux) ENST, Paris, Sep 11-13 1996.

[5] 0. Ait-Hellal, E. Altman, D. Elouadghiri, M. Erramdani, Performance évaluation of the rate-based fow control mcchanism for ABR service,Télécommunications Systems, **Vol. 12**, pp. 211-236, 1999.

[6] O. Ait-Hllal, E. Alt.man, D. El Ouadghiri, M. Erramdani and N. Mikou, Performance of TCP/IP : The Case of Two Controlled Sources, ICCC97 (International Conférence on Computer Communication) Cannes, France, November 18-21,1997. pp. 469-477.

[7] A. Alles, ATM Internetworking, ATM Product. Line Manager, Cisco Systems, Inc, May 1995. E-mail : aalles@ciseo.com

[8] E. Altman, F. Boccara, J. Bolot., P. Nain, P. Brown, D. Collange and C. Fenzy,Analysis of the TCP/IP Floui Control Mcchanism in High-Speed Wide-Area Net-Works", IEEE Conf. on Decision and Control (CDC95), pp. 368-373, New Orléans, LA, USA, Dec. 1995.

[9] E. Altman, D. Elouadghiri, M. Erramdani, J. Bolot, P. Nain, P. Biown and D. Collange, Performance of TCP/IP over french Research Network : Measurments and Analysis, France Telecom-CNET Internal Report No. RP/PAA/ATR/ORE/4678, 06921 Sophia-Antipolis Cedex, France, 1996.

[10] L. Bonmohained and D. Su, Analysis of the Rate-Based Trafic Management Proposal for ATM Net-workings", High Speed Networks Group, National Institute of Standards and Technology, Bldg. 223, Rm.B364, Gaithersburg, MD 20899.E-mail : lotfi,su@isdn.nesl.nist.gov

[11] J. C. Bolot, À. U. Shankar, Dynamical behavior of rate-based flow control mechanisms, Computer Communication Review, vol. 20, no. 2, pp. 35-49, April 1990.

[12] J. C. Bolot, A-U Shankar, Analysis of a fluid approximation to flow control dynamics, Proc. IEEE Infocom 92, pp. 2398-2407, Florence, Italy, May 1992.

[13] J. C. Bolot., end-to-end delay and loss behavior in the Internet, Proc. ACM Sigcomm 93, pp. 289-298, San Fransisco, CA, Sept. 1993.

[14] L. Brakino. TCP Vegas Release 0.8, Nov 94. available from ftp ://ftp.cs.arizona.edu/xkcrnel/new-protocols/Vegas.Tar.Z

[15] L. Brakino and L. Peterson, TCP vegas : End-to-End Congestion Avoidance on a Global Internet, IEEE Journal on Seleeted Area Communications, Vol. 13, pp. 1465-1480, 1995.

[16] M. O. Brouillet and U. Madhow, Rate Control for Adaptative Bit Rate Sources on ATM Networks using onc Bit Congestion Notification, Reasearch Report UILU-ENG-96-2214, University of Illinois at Urbana-Champaign, May 1996.

[17] D. W. Browning, Flow control in high-speed communication networks", IEEE Trans. Communications, vol. 42, no. 7, pp. 2480-2489, July 1994.

[18] Y. Chang, N. Golmie and D. Su, A Rate-Based Flow Contrat ABU Service in an ATM Network!, Twelfth International Conférence on Computer Communication ICCC95, Août 1995.Aout 1995.

[19] A- Charny, D. D. Clark, R. Jain, Congestion Control With Explicit Rate Indication" , Proc. ICCC95, Julie 1995, 10 pp.

[20] D. D. Clark, V. Jacobson, J. Romkey, II. Salwen, An analysis TCP proccssing overhead, IEEE Communication Magazine, pp. 23-29, Jun. 1989.

[21] D. Elouarlghiri, Modélisation et Evaluation des Performances du Protocole TCP/IP dans le Réseau Internet, Thèse de Spécialité de Troisième Cycle, Faculté des Sciences, Rabat, 16 Juillet 1997. E-mail : melouad@fsmek.ac.ma

[22] K. W. Fendiek, M. Rodrigues, A. Weiss, Analysis of a rate-based control strategy with delayed feedbac, Proc. ACM Sigcomm 92, pp. 136-147, Baltimore, MD, Sept. 1992.

[23] V. Jacobson, Congestion avoidance and control, Proc. ACM Sigcomm 88, Stanford, CA, Aug. 1988.

[24] V. Jacobson, Modified TCP congestion avoidance algorithm", mailling list, end2end-interest received on mon, 30 Apr 1990.

[25] R. Jain, Myths About Congestion Management in High-Speed Networks", Digital Equipement. Corp., 550 King St. (LKG 1-2/A19), Littleton, MA 01460, U.S.A. E-mail : Jain@Erlang.enet.DEC.Com

[26] R, Jain, Congestion Control and Traffic Management in ATM Networks : Recent Advances and Survey, invited submission to Computer Networks and ISDN Systems.

[27] R. Jain, S. Klyanaraman, R. Goyal and S. Fahmy, Source Dehavior for ATM ABR Trafic. Management : An Explanation, IEEE Communications Magazine, Nov 1990. Available from http ://www.cis.ohio-state.edu/ jain/papers/src-ruke.ps

[28] R. Jain, S. Klyanaraman and R. Viswanathan, The OSU Sheme for Congestion Avoidance in ATM Networks using Explicit Rate Indication, Proceedings WATM95 First Workshop on ATM Traftic Management, Paris, Décembre 1995.

[29] R. Jain, S. Klyanaraman, R. Goyal, S. Fahmy and R. Viswanathan, ERICA Switch Algorithm : A Complété Description, ATM Forum/96-1172.Available from http ://www.cis.ohio-state.edu/jain/atmf/a96-1172.html

[30] L. Kalampokas and A. Varma, 11 Dynamics of an Explicit Rate Allocation Algorithm for ATM Networks, Computer Engineering Departement, University of California, Santa Cruz, CA 95064, USA. E-mail : lampros,varina@csc.ucsc.edu

[31] S. Keshav, REAL : A network simulateur, Departement of Computer Science, UC Berkeley, Technical Report,88/472, 1988.

[32] L. Kleinrock, Queueing Systems", Vol. 2, Computer Applications. New York, John Wiley, 1976.

[33] D. Kofman and M. Gagnaire, Réseaux Haut Débit. : Réseaux ATM, Réseaux locaux et réseaux tout-optiques, InterEdition/Masson, Paris, 1996.

[34] T. V. Lakshman and U. Matlhow, Window-based congestion control for networks with bandwidth-delay products ami randorn loss : a study of TCP/IP performance,Proc. HPN 94 High Performanre Networking), pp. 133-147, Grenoble Franco June 1994.

[35] D. L. Mills, Improved algorithm for synchronizing computer network clocs,Proc. ACM Sigeomm 94, pp. 317-327, London,Sep. 1994.

[36] H. Ohsaki, M. Murata, H. Suzuki and H. Miyaraha, Performance of Rate-Based Congestion Control Algorithme with Binory-Mode Switch in ATM Networks , Department, of Information and Computer Sciences, Faculty of Engineering Science, Osaka University, 1-3 Machikayama, Toyonaka, Osaka 560, Japan. E-mail : osaki@ics.es.osaka-u.ac.jp

[37] H. Ohsaki, M. Murata, H. Suzuki, C. Ikeda and H. Miyaraha, Rate-Based congestion control for ATM networks, Computer Communication Review, Spécial Issue in ATM, Vol 25, No. 2, pp. 60-71, 1995.

[38] G. Pujolle, Les réseaux', Eyrolles, Deuxième tirage 1998.

[39] M. Ritter, Steady-State Analysis of the Rate-Based Congestion Control Mechanism for ABR Services in ATM Networks, Repport No. 114, Mai 1995. e-mail : ritter@informatik.uni-wuerzburg.dc.

[40] M. Ritter, Network Buffer Requirements of the Rate-Based Control Mcchanism for ABR Services, IEEE INFOCOM 96, San Francisco, USA, Mardi 1996.

[41] M. Ritter, Congestion Détection Methods and their Impact on the Performance oft he ABR Flow Control Mechanism, Repport No. 147, August 1996.

[42] SS. Shenker and L. Zhang, Some observations on the dynamics of a congestion control algorithm, Computer Communication Review, pp. 30-39, Oct. 1990.

[43] D. Sisalem and Henning Schulzrinne, End-to-End Rate Control in ABR , GMD-Focus Berlin. E-mail : dor, hgs@foeus.gind.de

[44] K. Siu and R. Jain, A Brief OverView of ATM : Protocol Loyers, LAN Emulation, and Traffic Management'. E-mail : siu@ece.uci.edu, Jain@ACM.org

[45] A. S. Tanenbaum, Computer Networks, Prentice-Hall, 1981.

[46] R. Walthall and M. Clement, Simulation and Analysis of the Perfounance of EPRCA in Wide Area ATM Network Consisting of Both ER and EFCI Switch Mechanisms, Department of Electronic Enginering Technology and Department of Computer Science, Brigham University, Provo, UT 84606. E-mail : walthalr@et.byu.edu and clement@cs.byu.edu

[47] K. Y. Siu and H. Y. Tzeng, Intelligent Congestion Control for ATM Cell Relay Networks , Computer Communication Review, acm-sigcomm, Vol. 24, pp. 81-106, 1995.

[48] N. Yin, M. Hluchyj, 11 On closed-loop rate control for ATM cell relay networks, Proc. IEEE Infocom 94, Toronto, Canada, pp. 99-109, June 1994.

[49] L. Zhang, S. Shenker, D. Clark, Observations on the dynamics of a congestion control algorithm : the effects of two-way trafic, Proc. ACM Sigcomm 91, pp. 133-147.

Table des figures

Liste des tableaux

Oui, je veux morebooks!

i want morebooks!

Buy your books fast and straightforward online - at one of the world's fastest growing online book stores! Environmentally sound due to Print-on-Demand technologies.

Buy your books online at

www.get-morebooks.com

Achetez vos livres en ligne, vite et bien, sur l'une des librairies en ligne les plus performantes au monde!
En protégeant nos ressources et notre environnement grâce à l'impression à la demande.

La librairie en ligne pour acheter plus vite

www.morebooks.fr

OmniScriptum Marketing DEU GmbH
Heinrich-Böcking-Str. 6-8
D - 66121 Saarbrücken
Telefax: +49 681 93 81 567-9

info@omniscriptum.de
www.omniscriptum.de

OMNIScriptum

www.ingramcontent.com/pod-product-compliance
Lightning Source LLC
LaVergne TN
LVHW042129070326
832902LV00035B/513

* 9 7 8 3 8 4 1 7 4 6 1 7 7 *

Dans ce manuscrit, nous évaluons les performances de contrôle de flux basés (I) sur l'indication de congestion EFCI (Explicit Forxword Congestion Indication), (II) sur le débit explicite Er (Explicit Rate), pour le trafic ABR (Available Bit Rate) dans un réseau ATM (Asynchronous Transfer Mode). Nous considérons un modèle de réseau avec deux commutateurs ATM en tandem. Nous présentons deux définitions du goulot d'étranglement 5bottleneck) et les conditions qui déterminent lequel des deux commutateurs est ''responsable'' du goulot d'étranglement. Nous prouvons que la congestion n'est pas, nécessairement, provoquée par le commutateur qui présente la plus petite bande passante. Ensuite, nous calculons des formules analytiques pour les tailles maximales de la file d'attente dans les deux commutateurs. Enfin, nous comparons les résultats du modèle considéré à ceux obtenus avec un modèle, de réseau simple, à base d'un seul commutateur ATM.

Driss El Ouadghiri est professeur habilité à l'Université Moulay Ismail de Meknès au Maroc. Il a obtenu son « Doctorat de Spécialité de Troisième Cycle » dans les réseaux informatiques en 1997 à l'Université Mohamed V de Rabat au Maroc. En 2000, il a obtenu son PhD en réseaux et télécommunications à l'Université Moulay Ismail de Meknès au Maroc.

978-3-8417-4617-7